JOSEPH ORSIER

Avocat, Docteur en droit,
Officier de l'Ordre du Sauveur,
Ancien professeur d'Université,
Ancien élève de Gaston Paris à l'école des Hautes Études à la Sorbonne,
Membre de l'Académie Florimontane, de l'Académie Chablaisienne,
de la Société d'Histoire et d'Archéologie de Maurienne,
de la Société de Législation Comparée, de la Société Française d'Archéologie, etc.

ESQUISSE SOCIALE

D'UNE FAMILLE RURALE

DANS LA VIEILLE SAVOIE

ET SOUS LA TROISIÈME RÉPUBLIQUE

ANTOINE GIRARD

PARIS

AUX BUREAUX DE LA " REVUE DE SAVOIE "

5bis, *Place du Panthéon*

1913

ANTOINE GIRARD
D'après un portrait peint en 1896, par Barthalot H.-C.
élève de Bonnat.

ESQUISSE SOCIALE
D'UNE FAMILLE RURALE

DANS LA VIEILLE SAVOIE
ET SOUS LA TROISIÈME RÉPUBLIQUE

ANTOINE GIRARD

« L'homme est la *résultante* de ses aïeux. »
(MOLESCHOTT.)

C'est avec prédilection que j'écris cette notice. J'aime
d'autant mieux à parler d'un homme de mérite qu'il fait
grand honneur à la Savoie et que nous venons de la même
vallée. Ses ancêtres et les miens se sont connus ; ils y ont
vécu les mêmes vicissitudes de la vie d'autrefois. Aussi
appartenait-il au plus Savoyard des Savoyards de tracer
les traits de cette belle figure contemporaine, intéressante
à étudier sous ses multiples aspects. Elle peut être d'un
salutaire exemple, car voilà quarante ans que notre compatriote s'essaie dans le rôle de *marchand de bonheur* : s'il
n'y réussit pas toujours, son bon vouloir et le bien réalisé
par lui n'entraînent pas moins admiration et sympathie.
Pour connaître et apprécier les phases de son existence si
pleine d'utile activité, ce n'est pas une simple biographie
qu'il faut donner ici, mais en quelque sorte une synthèse
sociale d'une famille rurale de Savoie, dont l'évolution
est une des conséquences logiques de notre vieil atavisme.

 Dans cette vallée riante qui va de Chamousset à La
Rochette, sur le versant méridional de la colline historique
couronnée par les ruines de Montmayeur et non loin de la

1

demeure patrimoniale des Girard, j'avais jadis pour fermiers
les frères Lucet : l'un, père de famille, — l'autre, vieux
garçon, paysan presque lettré, sec et enluminé comme un
parchemin, sobre dans ses discours, unissait à ses fonctions de métayer fidèle celles de garde champêtre. Parmi
les sentences qu'il aimait à répandre autour de lui, il en
était une de profonde portée morale et économique qui
indique la psychologie du peuple savoyard d'alors :
« *A trente ans l'homme doit savoir*, disait-il ; *à quarante ans,
il doit avoir*. » Vraiment il n'est rien au monde de plus
approprié à la belle existence d'Antoine Girard, cet avisé
laborieux qui a su marcher de succès en succès.

Au premier abord, quand on voit quelqu'un, partant
de conditions difficiles, parvenir, artisan de sa propre fortune, à parcourir rapidement une magnifique carrière,
on pense que la chance a passé par là ! Sans doute, il faut
l'avouer, il y a une part de hasard dans les romans vécus
de la jeunesse, dont la légitime ambition est de se créer une
situation sociale par le travail et la probité ; mais cette
part est bien modeste. On doit surtout y voir intelligence,
volonté persévérante, travail régulier, non moins que de la
résignation pour soi-même, du courage, un peu d'audace
même et de l'endurance mêlée au sang-froid dans les moments critiques. Ne sont-ce pas en réalité les éléments ma-
jeurs de toute réussite? Ces qualités se sont trouvées, dès
la plus tendre enfance, réunies dans Antoine Girard sous la
double influence d'un *paterfamilias* romain dans le sens
moral de l'expression, c'est-à-dire plein d'absolutisme et de
rigueur envers les siens, et d'une mère aimante et douce.

Nous en verrons les conséquences pratiques tout à
l'heure.

Tous les Girard de la région sont, depuis une époque
lointaine, originaires de *Chignin* [1], ce village caché derrière

---

1. Où ils sont encore en grand nombre aujourd'hui. Mais cependant on trouve
des familles GIRARD dans les documents des *Archives de la Haute-Savoie* des années
1357, 1385, 1460, 1538, 1540, 1543, 1545, 1549, 1575 et 1601. Après cette dernière
date, plus rien, sauf un F. Girard, de Chignin, qui fut châtelain de la seigneurie de
Gruffy en 1779. — D'autre part, il existe un curieux document à la Bibl. Nat.

A SAINTE-HÉLÈNE-DU-LAC.

les trois tours de son château féodal des XIIe et XIIIe siècles, dont l'une fut convertie de nos jours par les Chartreux en une chapelle délicatement dédiée à saint Anselme, né en 1105 dans cette forteresse médiévale [1]. Chignin se trouve sur la ligne de Chambéry à Montmélian ; si, aux trois quarts du chemin, on bifurque à Francin pour arriver à Sainte-Hélène-du-Lac, dominant une petite vallée verdoyante se mirant dans les eaux d'un délicieux petit lac [2], on aperçoit *Saint-Pierre-de-Soucy*, bâti sur une crête à environ 796 mètres d'altitude [3], flanquée sur son territoire boisé des deux tours historiques de Montmayeur. Cette commune de Savoie touche au nord à Coise [4], à Saint-

de Paris, fonds Fr., n° 23622, de l'an 1560, intitulé *Discours relatif aux affaires de Savoye*, par JEAN GIRARD, et les *Archives de la Savoie* à Chambéry fournissent des renseignements cadastraux sur les familles GIRARD de Chignin à partir de 1730. Il y avait alors dans cette commune huit GIRARD chefs de famille, ou du moins propriétaires : Étienne Girard et son frère, — Claude Girard dit Dunant, — Claude Girard dit Reydet, — Humbert Girard dit Madoux, — Humbert Girard dit Reydet, — Jean Girard dit Reydet, — Philibert Girard dit Madoux et Pierre Girard dit Reydet. Ce dernier était un gros propriétaire cultivateur avec 38 parcelles importantes, disséminées de tous côtés, et sa maison de Tormery (ARCH. DÉP. SAVOIE C, n° 2615).

Aucun Girard n'était propriétaire à Saint-Pierre-de-Soucy au moment de la confection du cadastre au XVIIIe siècle.

En 1743, à Chignin comme partout, on dressa le rôle de la *capitation* (ou impôt de guerre levé par les Espagnols qui occupaient à cette époque la Savoie). Ce rôle répartissait entre tous les chefs de famille, proportionnellement à leurs ressources, la somme de 292 livres imposée à la commune : on y relève Humbert Girard dit Reydet pour trois livres cinq sols, — Pierre Girard l'aîné, dit Reydet pour quatre livres, — Philibert Girard, Madoux et ses neveux pour huit livres dix sols ; — Pierre Girard dit Reydet le jeune pour trois livres, — Jean Girard dit Reydet pour quatre livres, — Claude Girard-Reydet pour trois livres, — Étienne Girard-Dunant pour deux livres, — Louis Dunant dit Gerard pour une livre deux sols.

Il y avait à ce moment dans la commune de Chignin 110 contribuables, et personne, à beaucoup près, n'est plus imposé que *Philibert Girard* dit Madoux et ses neveux.

Un édit royal ayant prescrit en 1738 la constitution d'un Conseil dans chaque commune, les chefs de famille se réunirent en assemblée à Chignin le dimanche 16 nov. 1738, au son de la cloche de l'église, *afin d'élire un syndic et quatre conseillers* ; il y avait là 74 électeurs, dont Humbert Girard, Claude Girard, Pierre Girard l'aîné, Jean Girard-Reydet (ARCH. DÉP. SAVOIE, C, n° 1860).

1. Ce Savoyard illustre mourut en 1178 évêque de Belley.

2. On y voit une île en miniature, plantée d'arbres divers qui la mettent en un vert relief.

3. Cette altitude est donnée par les *Guides Joanne 1912*, librairie Hachette, mais il est certain que c'est celle des tours Montmayeur.

4. Commune actuellement de 1 165 habitants, de 295 mètres d'altitude et 1 038 hectares de superficie. Le village est dominé par la vieille tour en ruines du Puits. — Source minérale spécifique contre le goître.

Jean-Pied-Gauthier [1], à Planaise et à Sainte-Hélène ; — au sud, soit à Villard-Sallet, soit aux communes qui vont jusqu'à la Chapelle-Blanche. *Saint-Pierre-de-Soucy*, qui s'étend en longueur de Villard-d'Héry à Villaroux, est un bel amphithéâtre dont la partie basse est formée du marais traversé par le Coisin [2] et dont la partie haute se divise en deux gradins : la première assise, située à 80 mètres environ au-dessus du marais, est occupée par les villages de l'*Église*, de *Bertrand* et de *La Fontaine* ; — à 100 mètres au-dessus vient la seconde assise, où s'élèvent les villages des *Dominges*, de *Villard-Prind*, de *Pouilles* et de *Soucy*. Il y a de plus quelques constructions isolées : le *château de Combefort* [3] et le *Château-Blanc* [4]. Tout cela faisait partie du Comté de Montmayeur, qui englobait la seigneurie de Saint-Pierre-de-Soucy. De tous temps, cet endroit a passé pour le plus riche de la contrée : la culture et la terre y sont bonnes, les indigènes travailleurs, et jadis, dans ce coin qui comptait plus de mille habitants [5], il n'y avait aucun cabaret : depuis le conseiller au Sénat de Savoie jusqu'au paysan, chacun aimait à consommer ses propres produits et surtout à savoir quel vin il buvait ; n'y a-t-il pas là un indice économique et moral d'un âge heureux et simple que, malheureusement, la Savoie française ne devait plus revoir.

On sait combien la nature, le climat, l'hérédité, l'entourage familial, la beauté des sites exercent de secrète puissance sur la santé physique, morale et intellectuelle de l'homme : *Antoine Girard* subira l'empreinte de tous ces éléments. Car c'est là, dans ces productifs et pittoresques

1. Qui possède une charmante chapelle gothique du xve siècle et que dominent aussi les tours de Montmayeur.

2. Il alimente le lac de Sainte-Hélène.

3. Ce château, qui appartient à la famille *de Montbel*, a été remis en état de 1856 à 1860 par M. Viallet de Montbel, qui avait épousé une demoiselle *de Callamand*. Son fils Raoul s'allia aux *du Verger* et son petit-fils aux *de Séverin*.

4. Construction du moyen âge en forteresse.

5. Saint-Pierre-de-Soucy ne compte en 1912 que 634 habitants. Superficie : 909 hectares.

parages, que sont nés jumeaux CHARLES et ANTOINE GIRARD, le 10 janvier 1853, le premier à dix heures du matin ; Antoine, à six heures du soir, cet Antoine dont la naissance non attendue fut une véritable surprise et tellement laborieuse qu'elle faillit coûter la vie à l'accouchée.

L'histoire de ces deux frères, unis toute leur vie comme ils le furent dans le sein maternel, est fort touchante et caractérise l'âme de la vieille Savoie avant l'annexion : on y remarque le loyalisme (malgré des tendances libérales bien naturelles), et l'énergie séculaire de nos classes rurales. Une curieuse antithèse est à signaler ici. D'un côté, on voit les gentilshommes savoyards, d'une bravoure à toute épreuve dans le métier des armes ou d'une valeur exceptionnelle en diplomatie, se montrer inaptes aux affaires matérielles et, avec leur répugnance héréditaire pour le commerce, leur luxe exagéré, leur entraînement vers les jeux d'Aix-les-Bains, amoindrir ou dilapider leur patrimoine ancestral aux bruits des sources sacrées et des folies mondaines. Il n'est même pas jusqu'au génial François Ponsard à qui la poésie du Lac[1] n'ait coûté très cher. — D'un autre côté, les montagnards et les travailleurs de la terre parvenaient, grâce au labeur incessant, à surmonter tous obstacles et à s'élever dans l'ordre social avec une honnête aisance en même temps que dans l'estime et la considération publiques.

Une branche des GIRARD de Chignin vint s'installer anciennement sur les hauteurs de Saint-Pierre-de-Soucy. Des souvenirs militaires s'y rattachent. Outre les guerres entre seigneurs, la Savoie était constamment traversée en tous sens par des troupes italiennes, espagnoles et françaises : notre pays excitait surtout les convoitises

---

1. Il avait, dans ses éphémères amours, les feux de Properce et l'accent de Tibulle : son *Ludibria ventis*, la *Branche d'Aubépine*, les *Adieux* à sa Marie de Solms et son divin *Lac du Bourget* en sont la preuve. — Quand, par les dettes, il revint de cette expérience malheureuse, il ne croyait plus à son génie ; il était comme un fantôme : on eût dit ce berger de Virgile appelé Mœris, dont la voix s'était perdue.

de la France, sous l'éternel prétexte du Montferrat, de
Saluces ou du Milanais. Déjà Charles VII, débarrassé de
ses inquiétudes avec l'Angleterre, ne songeant qu'à
s'agrandir aux dépens du territoire savoyard, avait déclaré
la guerre en 1452 au duc Louis, l'époux d'Anne de Chypre ;
François Ier, Savoyard par sa mère[1], occupa notre duché
en souverain pendant vingt-trois ans ; Henri IV recom-
mença à batailler contre nous ; puis, nouvelles occupations
de Louis XIII et de Louis XIV. Les Savoyards, réputés
pour leur bravoure, étaient aguerris, toujours prêts à suivre avec fidélité leur prince : des traditions familiales
nous rappellent que nombre de *Girard* répondirent à
l'appel aux armes, et, entre autres, plusieurs d'entre eux
firent partie, en 1600, des défenseurs de la citadelle de
Montmélian[2]. Mais ces épisodes militaires ne sont pas d'un
aussi grand intérêt que la vie rurale des classes laborieuses
attachées au sol natal.

Pour apprécier leurs ramifications modernes et contemporaines, la genèse et la causalité des principes juridiques
rapprochés des faits purement sociaux de la Savoie ducale
sont indispensables à indiquer ici, aussi brièvement du
moins qu'il est possible de le faire.

Quand on parcourt le territoire savoyard, une double
chose attire le regard et la pensée dans chaque commune :
l'*église* et le *château*. Aucun groupement, si minime
soit-il, sans ces éléments symptomatiques de la vie sociale
en Savoie. Tous les peuples du monde à peu près ayant
possédé ou possédant des temples, l'existence du droit à
la prière et des monuments religieux est toute naturelle ;
mais le château et la forteresse indiquent le droit du plus

---

1. Louise de Savoie (1476-1532).
2. A ce propos les *Documents d'histoire* publiés par Eugène Griselle (1912, p. 27 et
suiv., 199 à 216) fournissent des pièces justifiant le comte de Brandis. Ces pièces, qui
jettent un jour nouveau sur les péripéties du siège de Montmélian, sont : 1° une
lettre d'Henri IV à ce gouverneur de la forteresse ; — 2° la réponse de Brandis ; —
3° l'apologie de Brandis défenseur de Montmélian en l'an 1600. M. le marquis d'Albon
a bien voulu communiquer ces précieux manuscrits.

fort; ils n'appartiennent pas à toutes les races mondiales et, ne datant que de la féodalité, ils sont propres au moyen âge. Quoique la seigneurie ne fût plus que de l'histoire, ce souvenir, jusqu'au libéral Charles-Albert, en avait cependant conservé tout le prestige, et, si les gens de la terre n'étaient plus assujettis aux exigences féodales, ils n'étaient pas moins tenanciers de tous ordres, fermiers, clients, emphytéotes ou débiteurs de rentes. Sur les collines, en plaine derrière les bouquets d'arbres, au bord des eaux ou des précipices, partout on rencontre encore créneaux et tourelles ; mais, depuis la Révolution, ils ont souvent changé de maîtres. En fait, malgré les tendances démocratiques, malgré le statut fondamental Albertin, on continuait à distinguer les trois groupes savoyards du *noble*, du *bourgeois* et du *paysan*, dont l'hostilité ou la jalousie se sont perpétuées jusqu'à nous pour finir en nos déplorables coteries contemporaines : on oublie trop la communauté d'origine, de race, de sentiments, qui devrait victorieusement implanter parmi nous la concorde et la solidarité. En Suisse, où l'activité laborieuse des riches provoque émulation chez les pauvres, le château comme la religion n'ont aucune signification sociale, et la richesse n'exerce de prépondérance qu'à la condition d'être justifiée par le travail.

Longtemps chez nous le vieux droit féodal savoyard a laissé une profonde empreinte sur le régime de la terre. Après l'édit d'affranchissement du duc Emmanuel-Philibert en 1570 (nul comme résultat puisque le seigneur conservait la faculté de refuser l'affranchissement), l'idée libérale fut reprise par le roi Victor-Amédée en 1730, idée tellement rationnelle que la taillabilité personnelle était, même sous le rapport économique, aussi préjudiciable à l'État qu'aux seigneurs. En 1742, on revint encore à cette question brûlante : après avis du Sénat de Chambéry, Charles-Emmanuel III promulgua son fameux édit général d'affranchissement, abolit en 1762 pour ses domaines le *droit de mainmorte* et, sept ans plus tard, supprima radicalement les *corvées*[1]. Si le vieux régime a subsisté malgré tout jusqu'en 1772 pour la condition des personnes, il faut néanmoins rendre au gouvernement ducal cette suprême justice qu'il fit depuis le xvɪᵉ siècle tous ses efforts pour l'améliorer et que sa tendance constante fut, de même que la jurisprudence sénatoriale de Savoie, de favoriser toujours le paysan contre l'égotisme du seigneur.

En raison de la tenure qu'ils occupaient, les ruraux devaient, outre la taille personnelle, des *redevances* et *services* à leur seigneur. Mais, jusqu'au xvɪɪɪᵉ siècle, ce régime ne se manifestait que sous la forme atténuée de *mainmorte* à leur égard. Ils étaient frappés d'une sorte d'incapacité de tester[2], et leurs descendants à l'infini suivaient leur condition, même si ceux-ci venaient à exercer des *professions libérales* ou *religieuses*, ne pouvant même, s'ils parvenaient à la *noblesse* attachée à certaines charges judiciaires, être affranchis qu'à prix d'argent ; les filles, en se mariant à un personnage, ne pouvaient, sauf dans la province de Savoie-Propre, dont faisait partie la région qui nous occupe, se laver de la tache originelle. Toutefois le système juridique des *co-diviseurs* entretenait la *persistance de l'indivision des héritages dans les familles*, ce qui explique la richesse de documents, remontant aux xɪɪɪᵉ, xɪvᵉ et xvᵉ siècles, dont abondent les archives en Savoie. On entendait par *co-diviseurs* les *membres d'une même famille* (ressemblance avec les AGNATI et les GENTILES romains), qui, les biens paternels n'ayant jamais été divisés, restaient indivis avec leurs parents. Ainsi la famille

---

1. En 1770, le roi Charles-Emmanuel publia les *Royales Constitutions*, qui complètent l'œuvre mémorable des *Statuta vetera Sabaudiae* d'Amédée VIII, où avaient été rénovés et fondus les statuts du *Petit Charlemagne*, Pierre de Savoie, et ceux d'Amédée VI, que la *Revue de Savoie* va publier et commenter prochainement.

2. Ils jouissaient d'une absolue liberté, mais ils ne pouvaient tester ni disposer de leurs biens qu'en faveur : 1º de leurs *descendants mâles* et, à défaut de ceux-ci ou même de filles, 2º de leurs *co-diviseurs*. S'ils ne laissaient ni descendants ni co-diviseurs, le seigneur avait le droit de revendiquer la fortune du défunt, même celle acquise à l'étranger. C'était, en droit féodal savoyard, le *droit d'échute*. Pour ses descendants, le testateur ou donateur pouvait disposer en parts égales ou inégales sans restriction.

formait un tout compact, un corps moral survivant à tous décès. C'est un trait à noter pour l'histoire du droit de famille et de l'économie politique des pays de Savoie. Survivante aux décès de ses membres, cette personnalité familiale voyait son patrimoine héréditaire rester non seulement intact, mais augmenté sans cesse des acquêts laissés par les défunts. Chacun se faisait un point d'honneur de perpétuer la conservation ancestrale des biens, et l'on a vu des domaines qui n'ont pas changé de mains pendant des siècles. Les cotes cadastrales en font foi.

Malgré cet état spécial d'indivision légale, la propriété paysanne, comme la propriété bourgeoise, était très morcelée. Cette grande question de la répartition sociale des terres entre les différentes classes au xviiie siècle, si difficile à élucider pour certaines contrées de la France, l'est bien moins pour la Savoie. En effet nos ducs, dès le xvie siècle, s'étaient préoccupés d'établir un *cadastre* afin d'apporter une base sérieuse et juste à la perception de l'impôt foncier. De 1728 à 1738, ils surent établir un *cadastre complet du duché*[1] : on y constate que chaque propriété rurale est composée de pièces détachées, coupées d'enclaves ou enclaves elles-mêmes, et cela dure encore à peu d'exceptions près. On trouve la raison pratique de cette situation terrienne : 1º dans l'intérêt pour chaque famille d'avoir, par exemple, des terres labourables, des prairies et des vignes ; 2º dans le fait fréquent que telle partie de chaque paroisse est plus favorable à l'une ou l'autre de ces catégories.

Au moment de la *Péréquation* de 1738, les pays de Savoie ne payaient pas le *vingtième* des impôts dont ils sont surchargés maintenant : c'est qu'alors la Savoie n'était pas envahie par les cabarets, le besoin de constructions d'hôtels et de casinos *modern style*, par le cosmopolitisme, l'industrie à outrance au point d'en gâter ses sublimes

---

1. Conf. aux *Archives départem. de la Savoie et de la Haute-Savoie* les Tabelles préparatoires qui donnent la liste des parcelles dans l'ordre de leurs numéros de cote avec indication du nom des propriétaires accompagnée de la désignation de leurs qualités de nobles, bourgeois ou paysans, — et les Tabelles récapitulatives qui fournissent la liste alphabétique des noms des divers propriétaires.

beautés, les affiches commerciales masquant nos paysages, toutes choses critiquables au point de vue de notre originalité séculaire et du bonheur [1].

Pressés, sous peine d'être déchus de leurs droits, à en donner les états afin d'en déduire le montant sur le revenu cotisable, les seigneurs savoyards recherchèrent dans leurs archives des *Terriers* abandonnés depuis des siècles. Trouvant de la sorte un moyen facile de vérifier les fonds de terre pour la formation des mappes cadastrales, ils livrèrent copie de ces antiques documents aux *commissaires royaux* [2] pour les faire reconnaître. Les conséquences fâcheuses de ces rénovations illégales arrivèrent à exaspérer l'opinion publique et à déchaîner un formidable mouvement contre les *servis*, les *laods* et les *reconnaissances féodales.*

Quant au système locatif des terres, le MÉTAYAGE, dès le XVIe siècle, était moins répandu en Savoie (où il était connu sous le nom de *grangeage*) que le FERMAGE proprement dit. Au fond, le grangeage devint principalement un contrat accessoire soit du contrat de commande, soit du contrat de fermage. Avec son caractère juridique de *bail verbal* [3], il fut le seul mode de location des terres qui se passât généralement de l'office du notaire.

Il y avait en Savoie une hiérarchie de paysans. On distinguait les familles aisées, les médiocres et les pauvres. Parmi les villageois, les laboureurs étaient les plus riches, mais il y en avait peu vivant du produit exclusif de leurs terres *patrimoniales*. La plupart, pour augmenter leur revenu, acensaient des parcelles. Comme Mme de Warens [4], les petits propriétaires se faisaient *censiers*. Au XVIIIe siècle, la surface de la terre savoyarde détenue *familialement* par les cultivateurs est importante :

1. Voir article d'ANTOINE DUFOURNET, Défendons notre Savoie, dans la *Revue de Savoie*, t. I, p. 167 à 171.

2. En 1713, au traité d'Utrecht, Victor-Amédée II de Savoie était devenu roi de Sicile ; et, en 1718, au traité de Londres, roi de Sardaigne. Il mourut le 31 octobre 1732.

3. C'est la raison de la disparition presque totale des registres du tabellion.

4. Cf. *Confessions de J.-J. Rousseau*, édit. Auguis, p. 428.

elle équivaut presque au nombre d'hectares possédés à la fois par le clergé et la noblesse. Bourgeois et paysans possèdent le sol savoyard en vertu de contrats emphytéotiques, appelés *Albergements*, qui leur concèdent, moyennant certaines *redevances*, une véritable propriété de leur tenure, puisqu'ils peuvent vendre et hypothéquer sans autorisation seigneuriale. Enfin on distinguait aussi la *propriété collective des biens communaux*[1], dont l'origine remonte au devoir féodal et qui donna naissance, dans le moyen âge, aux assemblées générales de *communiers*, et celles-ci, plus tard, aux *syndics* de la vieille Savoie.

Au XVIIIe siècle, notre pays exploitait des salines, des eaux minérales, des mines et des industries de toute nature ; mais la culture du sol n'en demeurait pas moins la plus féconde production, et les encouragements, comme les succès, ne lui faisaient pas défaut. En 1773, *Règlement particulier pour la Savoie* relatif à la chasse, aux vendanges et à la conservation des fruits ; depuis cette même année il est permis aux laboureurs d'emprunter sur hypothèque ; — en 1774, approbation royale de la *Société d'agriculture* fondée deux ans auparavant par Alexis Costa de Beauregard et François des Charmettes ; — en 1777, établissement de haras ; — en 1779, Victor-Amédée III charge un conseiller d'État de dresser une sorte d'inventaire de la production rurale ; — depuis nombre d'années, on cultivait avec de beaux résultats la pomme de terre[2], le maïs[3] et le mûrier[4].

D'autre part, en dépit du péage de Suse, la Savoie du Sud exportait annuellement en Piémont jusqu'à trente ou quarante mille têtes de bétail, et, depuis 1773, on facilitait les relations entre les deux versants des Alpes en abaissant les taxes payées au passage du Mont-Cenis.

---

1. Leur étendue en Savoie est de 25 624 hectares.
2. ALEXIS COSTA DE BEAUREGARD, *Essai sur la culture des pays montueux*, 1774.
3. Le maïs a été introduit en Savoie en 1775. Sa culture est encore aujourd'hui abondante et superbe dans la vallée de la Rochette et lieux circonvoisins.
4. DAGUIN, *Topographie médicale de Chambéry*, 1787. Grâce au mûrier, la soie était devenue le plus lucratif des articles d'exportation.

Par besoin de se concilier les classes rurales, autant que par défiance à l'égard de la noblesse et du clergé, le gouvernement sarde ne cessait de poursuivre d'utiles réformes agricoles.

Tel est le milieu social, économique et juridique dans lequel la FAMILLE GIRARD a évolué à travers les temps.

Sans revenir aux souvenirs de Montmélian [1], nous remontons simplement à *Hyacinthe Girard*, le bisaïeul d'Antoine. Chez les Girard, l'esprit de sagesse, d'économie, de clairvoyance en toutes choses avait toujours depuis des siècles régné en maître, sauf une éclipse passagère dans la personne d'un de ses représentants au moment de la Révolution et de l'Empire, celle de *Jean-Baptiste*, premier du nom, qui mourut presque centenaire et fut l'aïeul des deux jumeaux. C'était un joyeux compagnon, dévoré par trois passions dominantes : l'amour, le bon vin et Napoléon ! Appartenant à la grande Épopée française, cette lacune familiale est tout excusable. Ce qui n'empêcha pas qu'en homme de tête, plein de prudente prévoyance, HYACINTHE GIRARD, le bisaïeul paternel dont Antoine tient beaucoup, avant de décéder à quatre-vingt-huit ans, fit passer juridiquement par voie directe tous ses biens à son petit-fils *Jean-Baptiste*, deuxième du nom, père de notre Antoine. Homme sage, pondéré, travailleur actif autant que son grand-père Hyacinthe, il se maria en 1839, à dix-huit ans, avec *Françoise Gay*, jolie fille de quinze ans et demi [2], idéalement bonne et sympathique. Lui, le jeune homme sérieux, de froide apparence sous sa rude écorce, s'était senti tout naturellement attiré vers elle par le mystère infini de deux cœurs mis en commun, le *consortium omnis vitæ, divini et humani juris communicatio* du jurisconsulte Modestin, qui a passé dans nos anciennes coutumes spiritualistes sous cette forme poétique : *Les mariaiges se font au ciel et se*

---

1. Voir précédemment p. 146.
2. Née à Saint-Pierre-de-Soucy, en 1824. Elle mourut, dans sa soixante-huitième année, en novembre 1891.

consomment en terre[1]. De bonne heure il ne voulut pas retarder dans l'insouciance un puissant moyen de perfectionnement et laisser dormir en lui des sentiments élevés dont le germe, dû à l'aïeul, pouvait s'atrophier par une conduite légère qui aurait nécessairement contrarié sa nature droite et correcte. Ses aspirations allaient à l'espérance d'une intime communication psychique de deux êtres unis par la plus noble des affections humaines, et cédaient au désir de se survivre en quelque sorte un jour en faisant passer dans l'âme de ses enfants ce qu'il y avait de meilleur dans la sienne. Dans son idylle matrimoniale, il rencontra pour lui la femme rêvée et, pour ses enfants, une mère incomparable.

Bienvenue dans la familiale maison des Girard à Saint-Pierre-de-Soucy, la jeune Françoise, exceptionnelle en qualités parmi les filles d'Ève, avait le don de se faire aimer et, de ce fait, elle vint compléter la personnalité dominatrice de son mari[2], dur à lui-même autant qu'envers les autres. Ce fut, en un mot, « l'harmonie des musiciens célestes », comme dit un proverbe oriental pour les unions assorties et de parfaite entente. Si le gouvernement de la famille ne saurait être théoriquement partagé sans être pratiquement compromis (et certes il ne l'était pas sous le régime du Code Albertin qui avait cependant déjà atténué les Royales Constitutions des princes de Savoie), il arrive souvent que, quand même l'homme règne, *la femme gouverne*, et que, dans une résolution prise en commun, il est impossible d'assigner la part d'initiative de l'un et de subtile influence de l'autre.

Dans le pays, on appelait la jeune mariée *la Dame* pour bien marquer qu'elle avait un rang à part, et tout le monde, sous l'influence de ses vertus morales comme de sa distinction, reconnaissait sa supériorité. Jamais elle

1. Par contre, les Coutumes *réalistes* de la vieille France (comme celles de Normandie, par exemple) disent prosaïquement : « Boire, Manger, Dormir ensemble, c'est bien mariaige, ce me semble. »

2. Les gens du pays le critiquaient en le traitant de *dominant*, selon leur expression caractéristique.

ne s'occupait du travail des champs, pas plus qu'elle ne prenait ses repas en commun ; le meilleur vin lui était réservé et, lorsqu'au lac de Sainte-Hélène on prenait un beau poisson, ou qu'un chasseur tombait sur un gibier rare, on s'empressait toujours avec joie de les lui apporter en présents. Intelligente, de grand bon sens, pleine de tact, elle avait la répartie juste et vive : son époux, qui ne s'inclinait devant personne, s'inclinait devant elle. Aussi, quelle union, quelle paix dans ce ménage printanier ! S'il n'y avait pas d'attentions assez délicates dont elle ne fût entourée, elle savait, de son côté, répandre le bonheur.

Qu'elles s'écoulèrent vite et devinrent fécondes ces jeunes années de tendresse ! On peut se figurer le tableau touchant de cette famille réunie sous le grand âtre de la maison rustique, où le sommeil vient errer sous les blanches ailes de la chanson sortant des lèvres maternelles pour venir se perdre dans la nuit, en fermant les paupières mi-closes des tout petits au tintement de la cloche du village sonnant l'Angélus. Et le soir, comme dit le poète savoyard :

> « N'a-t-il pas rejoint ceux que l'aurore disperse,
> Ramené les bœufs à l'étable, au nid, l'oiseau,
> Et mis la douce main qui tourna le fuseau
> Dans la main qu'endurcit la charrue ou la herse ? »

En 1852, Jean-Baptiste Girard avait eu déjà cinq enfants, dont quatre étaient vivants. Les familles nombreuses formaient en Savoie la généralité : les pays de montagnes sont plus sains et robustes, tant moralement que physiquement. On aimait d'ailleurs autrefois avoir une nombreuse postérité. Les femmes ne réclamaient pas encore *la liberté du ventre* : un président savoyard, père de dix-huit enfants, écrivait dans son livre de raison que *c'est une bénédiction céleste d'avoir des enfants*; — un simple journalier en avait eu vingt ; — du xviie siècle jusqu'au milieu du xixe siècle, les registres des paroisses mentionnent couramment des naissances de sept à douze enfants dans chaque famille. Aujourd'hui, dépeuplement volontaire

pour cause d'économie et d'amour du bien-être indivi-
duel [1].

Sans être un Malthusien, Jean-Baptiste estimait
suffisamment nombreuse sa postérité. Mais, en cette
année 1852, survint un grand jubilé : la Savoie était fort
dévote, et les confesseurs avaient fait promettre aux
femmes, sous peine de refus d'absolution, de satisfaire
au devoir conjugal sans supercherie. La piété et l'obéis-
sance à l'Église furent la cause de la naissance des deux
jumeaux le 10 janvier de l'année suivante. Sans mur-
murer, leur père accepta ce nouveau *présent du ciel* et
n'eut qu'un souci, le rétablissement de la femme aimée.

Ce GIRARD JEAN-BAPTISTE, deuxième du nom, né en 1820
à Saint-Jean-Pied-Gauthier [2], mort en 1895, était un caractère, un type de grande envergure physique et intellectuelle, visage ouvert et coloré, front haut, l'air sévère,
yeux perçants semblant scruter le for intérieur de ceux
qui l'approchaient. D'une culture très supérieure pour
son entourage villageois, il n'avait qu'un défaut : il
était trop autoritaire. Au début de 1860, nommé par
Cavour syndic de Saint-Pierre-de-Soucy, puis maire sous
Napoléon III, il fut ainsi le dernier syndic sarde de sa
commune et le premier maire après l'annexion. D'une
extraordinaire activité, il fit tous ses efforts pour améliorer et enrichir le territoire confié à ses soins adminis-
tratifs : il s'occupa des chemins, des eaux, de la vigne, du
tabac, et fut le premier à acclimater dans le pays les
vers à soie et à créer une filature. La culture des mûriers à
cet égard l'intéressait beaucoup, ainsi que les plantations
de tabac. Il en usa personnellement comme source de
revenu avec l'exploitation des forêts, où il était passé
maître consommé ; comme chef d'exploitation, il employait
à son compte les gens de la commune pour les coupes
forestières qu'il achetait sur pieds. Mais, après le pain quo-

---

1. Notre loi française du *Homestad* de 1910 y apportera peut-être un remède.
2. Coise-Saint-Jean-Pied-Gauthier, dans le canton de Chamoux, arrondissement
de Chambéry. (Voir note 1, p. 144 précédemment.)

tidien, ce qui attirait le plus son attention, c'était l'*instruction* de la jeunesse et les systèmes d'*éducation*.

Cette grave question, qu'on ne cesse de discuter depuis
plus d'un demi-siècle avec des sentiments divers pleins
de nouveautés étranges et de paradoxes, hantait son cer-
veau. Elle intéresse en effet le corps, l'esprit, le cœur
et la conscience. Nous nous faisons ici l'écho de ses
idées, transmises par ceux qui ont pu apprécier en
J.-B. Girard l'homme, le père et l'administrateur.

Le corps est l'esclave de l'âme ; mais, afin de rendre cet
esclave le meilleur possible, il faut le rendre robuste. Or
ceci ne peut être que le résultat logique d'une éducation
mâle : l'enfance est l'âge favori de la nature ; l'art et le
maniérisme ne viennent que trop tôt le corrompre. Aussi
une sage sévérité paternelle doit-elle veiller à préparer
l'homme vigoureux et socialement utile. Exposé en pleine
campagne aux injures du grand air, accoutumé à un régime simple et solide, l'enfant s'aguerrit aux vicissitudes
de la vie et ne sera pas comme un léger arbrisseau froissé
par un souffle. Par rapport à l'esprit, rendre l'homme
utile et agréable, voilà la formule. Avant tout, on doit
être utile ; mais celui qui ne serait qu'utile laisserait dé-
sirer en lui ce quelque chose qui embellit la société et
pour les autres et pour nous-mêmes : plus nous plaisons
aux autres, plus les autres nous plaisent, plus les relations
et les affaires deviennent faciles. Quant au cœur, pour
Girard, il y avait trois choses essentielles : discipline sévère, maximes stoïciennes, exemples vertueux, et les premiers précepteurs sont les exemples domestiques. A côté
des devoirs de famille, de parenté, d'amitié, il y a également
l'amour du pays natal, sentiment héroïque qui demande
une âme forte. Pour la conscience, il n'avait pas la pré-
tention de bannir la croyance ; il inclinait davantage
vers la doctrine du progrès intellectuel et social : l'homme
s'instruit sans cesse dans son progrès, car il tire avantage
non seulement de sa propre expérience, mais encore de
celle de ses devanciers, et voilà comment tous les hommes

ensemble font un continuel progrès à mesure que l'univers vieillit.

En avance également sur son temps en *économie rurale*, il professait du mépris pour la routine. Comprenant quelle était l'utopie de vouloir lutter d'emblée contre l'ornière où l'on s'attardait, il pressentait l'utilité d'une forte instruction générale à répandre dans les masses et les services qu'on pourrait attendre d'écoles professionnelles agricoles. L'expérience ne démontre-t-elle pas en effet que, si l'instruction est le *privilège* de quelques-uns au lieu d'être l'obligation de tous, elle ne fait que des victimes? Et, d'autre part, elle ne doit pas être trop superficielle. Celui qui ne savait que lire, écrire, calculer quelque peu, était jadis dans nos campagnes de Savoie un être jouissant en fait d'une certaine supériorité, mais souvent il abusait de son mince bagage intellectuel pour laisser supposer à ses connaissances toute l'étendue dont elles manquaient et devenir peu à peu le conseiller officieux des familles, l'avocat et le notaire de village, ce qui ne contribuait pas peu à augmenter le nombre des procès. Une instruction suffisante donne au contraire un niveau aux intelligences, un sol fertile aux idées.

Par-dessus tout, le syndic J.-B. GIRARD avait, dans sa conception et sa pratique du *droit de famille*, fatalement subi l'empreinte des vieilles traditions juridiques et morales de la Savoie ducale. Né à l'aurore de la restauration du *Buon Governo*, il y avait en lui deux hommes, l'un plein d'absolutisme, l'autre enclin aux tendances libérales ; mais il ne sut jamais transiger ni sur ses prérogatives de puissance paternelle, ni sur celles de son autorité syndicale. Il est bon d'en indiquer les causes.

De tout temps, la puissance paternelle a été, en Savoie, fortement organisée à la romaine, et les dispositions législatives n'en ont jamais ébranlé le fondement séculaire. Emmanuel-Philibert édicta en 1566 des dispositions sur le consentement paternel au mariage de l'enfant. Charles-Emmanuel Ier réglementa quelques points intéressant

2

aussi le droit de famille [1]. Victor-Amédée II les modifie ou les complète dans son *Codice Vittoriano* de 1723. Le caractère énergique de ce roi se reflète dans toute sa législation civile et administrative : son code renferme des règles sur les primogénitures, les fidéicommis, le consentement au mariage, — les décisions nouvelles sur la légitime, sur la succession des agnats, l'exclusion des femmes de l'hérédité *ab intestat*, — enfin divers principes sur le droit féodal. Mais ici, sans faire cas des réclamations de la noblesse, il l'assujettit comme tout le monde au payement de la taille des biens et anéantit toutes les juridictions seigneuriales non justifiées par le titre primitif.

L'un des hommes qui ont fait le plus d'honneur au xviiie siècle, Charles-Emmanuel III, publia en 1770, dans les ROYALES CONSTITUTIONS, un recueil qui devint, jusqu'au *Code Albertin*, l'une des sources juridiques les plus suivies en Savoie, avec le droit romain et les décisions du *Codex Fabrianus*. Il en résulta une unité législative qu'on avait vainement tenté d'introduire en d'autres pays. Mais l'organisation, à la fois romaine et féodale, de la famille n'est point changée : on en retrouve même encore les traces jusque dans le Code civil sarde de 1838.

Dans les RR. CC., le respect et l'honneur envers le chef de famille ont leur source juridique dans le pur droit romain et leur sanction dans leurs dispositions sur le consentement des ascendants au mariage. Les enfants qui se marient sans ce consentement ne peuvent réclamer autre chose que des aliments ; néanmoins la *légitime* ne leur est pas enlevée. Une restriction est apportée pour les filles : celles qui, ayant vingt-cinq ans, se marient sans consentement paternel n'ont aucun droit aux aliments, sinon subsidiairement au cas seulement où les ressources de leurs maris ne suffisent pas à leur entretien. Tout enfant mâle

1. Ord. des 20 oct. 1582, 4 oct. 1598, 1er mars 1604 et 18 avril 1610.

qui, au mépris de la défense du chef de la famille ou à son insu, contracte un mariage « *non seulement indécent en égard à son état, grade ou condition, mais encore déshonorant pour la famille, est* EXHÉRÉDÉ, *si l'offense faite à la majesté paternelle et les circonstances l'exigent* » ; un simple droit d'aliments subsidiaire lui est réservé. De plus, une disposition pénale était ajoutée à cette rigueur : si, dans un de ces mariages, il y avait eu *séduction* ou *tromperie*, il était procédé criminellement par le Sénat, « *et à son gré, contre tout instigateur, fauteur ou médiateur* ». — Les *substitutions* étaient maintenues. Les primogénitures et *fidéicommis* ne pouvaient s'étendre au delà de quatre degrés et ne devaient porter que sur certains biens déterminés [1].

Comme dans les provinces du midi de la France, l'*exhérédation* était reçue dans les mœurs, aussi bien peut-être que dans les lois, soit en Savoie, soit dans le Comté de Nice : on observait textuellement la Novelle CXV de Justinien [2]. Les RR. CC. déclarent que la *mère* ne peut exhéréder ses enfants *sans une cause légitime*, et que leur prétérition, arrivée sciemment ou par ignorance, entraîne de plein droit nullité de son testament. Ce qui caractérise encore les Royales Constitutions, c'est l'*exclusion des femmes* au profit des agnats dans l'ordre successoral. D'autre part, la *mère* et autres *ascendants maternels* ne pouvaient succéder *ab intestat* à leurs descendants, quand il y avait des frères du défunt ; mais, dans tous les cas, le *droit à la légitime* était sauvegardé. Quand un fils prédécédé avait institué héritier un étranger, sa mère avait le *tiers* de toute l'hérédité à titre de *légitime* ; mais, s'il avait institué un ou plusieurs de ses frères, ou, avec quelqu'un d'eux, un étranger à la famille, la mère partageait alors ce tiers avec les frères institués,

---

1. Voir sur toutes ces questions JOSEPH ORSIER, *Essai hist. jur. et critique sur la puissance paternelle en France et dans l'ancienne Savoie*, Dijon, 1 vol. in-8, 1866.

2. CAP. III : *Quæ sunt justæ causæ exheredationis liberorum.* — CAP. IV : *Quæ sunt justæ causæ parentum exheredationis.*

sans que le cohéritier étranger puisse y prendre aucune part. Ce principe était également observé entre le petit-fils et l'aïeule. Enfin, lorsque les *père* ou *mère* avaient des enfants ou petits-enfants, ils ne pouvaient rien se laisser mutuellement en propriété, mais seulement en *usufruit*, exception faite cependant pour les gains nuptiaux, donations à cause de mariage, et le droit de la *quarte*.

Tel était notre régime familial et successoral quand la Savoie et le comté de Nice furent soumis au décret annexioniste de 1792[1], et bientôt pendant dix ans au Code Napoléon. Mais les provinces incorporées à la France révolutionnaire, avant de l'être à la France impériale, subirent, bien plus qu'elles n'y concoururent, cette soudaine *rénovation sociale* implantée chez elles par surprise : elle n'y avait été ni préparée ni mûrie par les circonstances politiques. Il est difficile d'arracher brusquement à un peuple un régime de plusieurs siècles, enraciné dans les mœurs, quelque mauvais et antinaturel qu'il puisse être. Cependant tout ce qu'on avait importé, propagé et appliqué de juste, de vrai, de généreux, de conforme à l'esprit du temps, aux nécessités nouvelles, s'était naturalisé sur notre sol, quand 1814 le rendit à son ancien état de choses. A dire vrai, c'était faire accomplir aux institutions civiles et à la famille en particulier un pas rétrograde : mais le *Code Albertin* devait y remédier, sinon pour la puissance paternelle qui conserva son caractère absolu jusqu'au Code du *Risorgimento*, mais au moins pour la généralité des matières de droit civil[2].

Tout cet ensemble, tout ce milieu juridique, familial, moral, économique et politique a dû inévitablement influer non seulement sur l'état d'âme des ancêtres, mais encore et surtout sur une nature comme celle du

---

1. Voir REVUE DE SAVOIE, t. I, 1912, p. 99 à 108 ; t. II, p. 35 à 46 : *Une campagne de trois jours* (22-24 sept. 1792).
2. Voir HUC et ORSIER, *Le Code civil Italien et le Code Napoléon*, Paris, 2 vol. in-8, 1868, Cotillon éditeur.

maire Jean-Baptiste Girard et, de lui, sur celle de ses descendants. Joignant la pratique à ses théories, il éleva rudement ses enfants. Les jumeaux du jubilé de 1852 en connurent quelque chose : ils reçurent une mâle éducation, mais une instruction soignée. Soumis dès l'âge le plus tendre au régime du travail, de l'ordre, de l'économie ou plutôt de la parcimonie la plus austère, ils surent de bonne heure apprendre la vie, apprécier la valeur de la monnaie et comprendre la nécessité de se créer par eux-mêmes une situation.

Jusqu'à l'âge de six ans, ils restèrent dans la quiétude de l'enfance et de la tendresse maternelle ; leur père, les voyant grandir, songea à les préparer à devenir des jeunes gens instruits et formés à la lutte de l'existence. Dès l'hiver qui précéda l'annexion, ils furent confiés aux soins scolaires de maître Vellot, un type vénérable du vieil enseignement primaire en Savoie. Le bagage scientifique du pédagogue villageois était léger, son programme bien étroit : il se bornait à la lecture du français et du latin, à l'écriture, aux premières notions du calcul, à la doctrine chrétienne et « à la lecture des écrits de pratique ». Mais la valeur d'un enseignement ne se mesure-t-elle pas au développement intellectuel et moral des écoliers autant qu'au profit durable qu'ils retirent de leurs études? Toujours est-il qu'ils profitèrent admirablement de ces premières leçons et que le maître n'eut bientôt plus rien à leur apprendre.

Ce n'était que de la Toussaint jusqu'à Pâques qu'on envoyait les enfants à l'école, et cet usage n'était point spécial à la Savoie[1] : dans la bonne saison, ils étaient utilisés pour les travaux agricoles. Il était curieux de voir les petits Girard trottiner dans la neige, la mine éveillée, en sabots et tablier noir, vers la grange solitaire où le maître d'école donnait ses leçons rudimentaires, armé d'une gaule assez longue pour désigner de sa place le bambin

1. Cf. MAILHET, *Instr. pop. avant la Révolution*, 1898, in-8° (pour le Dauphiné).

appelé à répondre à ses questions. En présence des palais
aujourd'hui consacrés à l'instruction primaire même dans
les petites communes, on a peine à se faire une idée de ce
qu'était alors une école de village savoyard. Les documents d'archives nous prouvent l'existence d'écoles en
nombre plus élevé[1] que partout ailleurs, mais le confortable manquait. Comme au moyen âge, l'enseignement
primaire était resté, au moins dans les paroisses rurales,
sous la direction du clergé et des pères de famille qui
formaient entre eux un fonds commun pour entretenir le
maître d'école. Au xviie siècle, les *Instructions du Roi de
Sardaigne au Conseil de réforme de 1768* devinrent le règlement organique des collèges et des petites écoles. Rien
ne fut changé par l'édit universitaire de Charles-Emmanuel de 1771. Mais, quelques années après, à la suite de la
fameuse campagne de Trois jours en 1792 pour la con-
quête *sans coups férir* de notre duché, la Savoie, subissant
toutes les convulsions politiques de la France, vit dispa-
raître en 1793 toutes ses institutions du vieux régime.
Toutefois, il faut le reconnaître avec impartialité, l'instruction de la jeunesse était entrée au nombre des préoccupations de la Convention Nationale : elle promulgua
de multiples lois à cet égard, dont quelques-unes auraient
incontestablement produit un excellent résultat sans les
utopies et les passions qui les entachaient. Ces lois, d'ailleurs, sont restées à peu près lettre morte en Savoie.

Quoi qu'on en dise, les Savoyards avaient connu depuis
des siècles les avantages de l'instruction : depuis Chambéry, la capitale, jusqu'à la dernière bourgade de montagne, chacun avait fait de son mieux pour la répandre
à tous les degrés. Le gouvernement approuvait et encou-
rageait les projets de créations d'écoles, et les *Nomina-
teurs* (ceux qui les dotaient) conservaient le privilège de les
diriger. Les lois françaises de la Révolution, après avoir

---

1. La Maurienne marchait en tête des autres pays de Savoie pour l'instruction
de la jeunesse. Cf. Abbé Gros, *Instr. prim. en Maurienne avant la révolution*,
in-8°, Chambéry, 1906.

atteint presque toutes ces anciennes écoles, si chères aux héritiers des fondateurs et aux populations rurales, venaient substituer le pouvoir central à la communauté des pères de famille. Transition évidemment trop brusque : elle ne se fit pas. Bien que le régime révolutionnaire apportait une certaine ténacité à vouloir inoculer au moyen de l'école les idées républicaines aux Savoyards des jeunes générations, la force d'inertie fut victorieuse à cette époque troublée. C'est dans ces vues que la Convention avait envoyé en Savoie Dupuis avec pouvoir discrétionnaire et que ce représentant du peuple avait pris ses arrêtés du 28 prairial an III pour faciliter la réouverture des écoles de hameau et qu'il recommandait l'affectation exclusive des ci-devant presbytères aux écoles et au logement des instituteurs des deux sexes « *quand ils n'auraient pas été vendus antérieurement au profit de la nation* ». Par une contradiction singulière, ces bâtiments l'ont été presque tous en Savoie postérieurement à la loi qui ordonnait de les réserver aux écoles primaires.

Après la période révolutionnaire, les desservants de paroisses rurales, qui avaient été le plus souvent les premiers promoteurs de l'enseignement primaire, avaient repris leur mission d'instituteurs ou *régents*. Dans son rapport de 1809, le préfet de Chambéry termine par ces mots : « On n'a pas compris dans cet état de l'enseignement les desservants des communes qui emploient leurs loisirs à instruire les enfants plutôt par charité que par intérêt. » Le fonctionnaire impérial reconnaît ainsi en eux les auteurs désintéressés d'une ère de renaissance des écoles primaires dans notre pays. Sous l'influence des évêques, des municipalités et de nombreux bienfaiteurs, on y vit apparaître sur la fin de l'empire les premiers établissements d'instruction primaire qui aient été confiés à des congrégations, telles que celles des *frères des écoles chrétiennes* et des *sœurs de Saint-Joseph* [1].

1. Cette congrégation de religieuses, fondée en 1650 par Mᵍʳ Henri de Maupas, était vouée à l'enseignement et apparut en Savoie pour la première fois en 1812 pour

Il serait intéressant de suivre l'histoire [1] de nos écoles de 1814 à 1847 ; mais ce serait dépasser les bornes de notre esquisse.

Le *statut constitutionnel de* 1848 ouvrit une ère essentiellement novatrice dans ses principes, ses inspirations et ses moyens d'action pour l'instruction publique. Appliquer la centralisation étatique, c'était écarter le rôle des anciens régents et des pères de famille. Par contre, les décrets organiques rendus à la suite du statut sur l'administration et la comptabilité des communes assurèrent un précieux concours à la faveur duquel on parvint à procurer aux écoles ce que la bienfaisance, le désintéressement et la touchante philanthropie du bon vieux temps ne suffisaient plus à fournir.

Dès 1849, le diocèse de Chambéry comptait déjà 196 écoles pour les garçons, 180 pour les filles, soit un total de 376 écoles primaires [2]. En 1855, un rapport officiel mentionna pour la *Savoie-Propre* (dont faisait partie Saint-Pierre-de-Soucy) un total de 461 écoles tant publiques que privées [3], réparties entre les 156 communes de cette province [4]. Avec un accroissement de 10 écoles et de 1 560 élèves sur la statistique de l'année 1872, on compte pour le département de la Savoie 970 écoles et un nombre total d'élèves de 51 213. Quant au problème des meilleures conditions à offrir aux maîtres et maîtresses d'écoles de façon à pouvoir exiger d'eux des aptitudes

tenir à Aix-les-Bains une école primaire gratuite. En 1818, grâce aux libéralités de la famille Costa de Beauregard, les sœurs de Saint-Joseph ouvrirent une semblable école à la Motte-Servolex ; — en 1822, à Saint-Jean-de-Maurienne ; — en 1827, à Moutiers ; — en 1830, à Montmélian ; — en 1835, à Saint-Pierre-d'Albigny ; — en 1853, à Chignin, école communale de 130 élèves, etc.

1. Notamment le Conseil de réforme de Conflans et de Chambéry, — les petites écoles sous le *buon governo*, — la statistique du Cardinal Billiet en 1843 dans les 4 diocèses de la Savoie, — et la première législation complète pour les écoles de filles

2. Ces écoles étaient fréquentées par 24 287 élèves.

3. La Savoie-Propre comptait 108 instituteurs laïques et une centaine de frères des écoles chrétiennes en 1855.

4. En hiver on comptait en 1855 un contingent de 10 113 écoliers et de 6 053 écolières dans les écoles publiques ; — en été, de 3 825 écoliers et de 2 203 filles. A la même époque, les écoles privées avaient 460 écoliers et 1 554 écolières en hiver ; — 60 garçons et 860 filles en été.

et connaissances plus étendues, ce n'est qu'à partir de 1860 que les crédits et les locaux affectés à l'enseignement primaire reçurent les améliorations dont ils avaient besoin.

Les petits Girard suivirent donc à Saint-Pierre-de-Soucy les leçons de l'unique maître d'école de la localité : comme le père Matton à Ernest Lavisse[1], le père Vellot leur apprit à lire, à écrire, à compter, et leur inculqua les autres notions d'enseignement primaire en usage à cette époque. Leurs succès et leur intelligence étonnèrent le vieil instituteur. Mais M. le Maire, leur rigide ascendant, convaincu comme Danton qu'une instruction complète devait être, «avec le pain quotidien, le premier bien à donner à la jeunesse, » comprit bien vite, malgré l'ennui de la dépense à faire, que ce rudiment de savoir était insuffisant. Aussi ses jumeaux (Antoine et Charles) n'avaient pas encore sept ans, qu'il conçut un projet ne manquant pas d'originalité : afin de les placer dans un centre scolaire, il loua à Chambéry un modeste logis dans lequel il vint installer ses six enfants sous la direction de leur sœur aînée, qui leur servit très dignement de maman et de bonne ménagère.

Parmi cette jeune famille qui lui était confiée, Lucien Girard, l'aîné des garçons, suivait les cours du Lycée de Chambéry ; Céline et Louise allaient chez les sœurs de Saint-Joseph ; Antoine et Charles suivaient les cours des frères de la doctrine chrétienne, et ils connurent alors les premiers froissements d'amour-propre, dont leur âme

---

1. L'illustre académicien, dans ses *Souvenirs de jeunesse*, raconte en termes charmants ses débuts de petit écolier : « Le maître, le père Matton, avait appris à lire à mon père et à ma grand'mère ; tout le pays l'appelait *nô Maître*. Il était l'un des chantres qui s'asseyait dans le chœur. Chez nô Maître, nous lisions ; nous faisions de petits calculs ; la table de multiplication nous donnait des tourments. La grande affaire, c'était l'écriture.... Dans quels livres lisions-nous ? Je me rappelle la *Croisette*, qui était l'alphabet, suivi de syllabes et de mots se groupant en phrases à la fin, et puis la Bible. Les plus grands lisaient dans le livre saint ; on disait d'eux : *I lit dans l'Bibe*, et c'était une dignité dont je sentais l'importance... » — On trouve dans ces lignes une exacte similitude de ce qui se passait aussi à Saint-Pierre-de-Soucy dans la grange du père Vellot.

fière souffrit beaucoup : sous leurs vêtements de campa-
gnards d'une coupe surannée, ils se voyaient l'objet des
railleries impitoyables de leurs petits camarades *fils à
papa*. Plus d'une fois, ils mirent en pratique le vers de
La Fontaine « *la raison du plus fort est toujours la meilleure* »,
mais ils se vengèrent surtout des risées enfantines par
leur aptitude au travail et leur volonté d'être les premiers
de leur classe. Leur père en fut si touché qu'il les envoya
tous deux à neuf ans et demi au Collège de Rumilly, en
qualité d'internes, faire leurs études de latin. Il en avait
connu le directeur, le bon abbé Croisollet, et, soit pour
cette raison, soit qu'il en estimât l'instruction comme
plus libérale, il préféra ce collège au petit séminaire de
Saint-Pierre-d'Albigny beaucoup plus rapproché cependant de son fief municipal.

A cette époque, les moyens de communication entre
Saint-Pierre-de-Soucy et Rumilly n'étaient point faciles ;
nos vieilles diligences ne circulaient pas entre les deux
localités, et la voie ferrée n'existait que d'Aix-les-Bains
à Paris. Pour se rendre à leur collège, les petits Girard
devaient donc prendre une carriole qui partait vers minuit et les traînait douze heures de route. Quand ils gran-
dirent, leur sentiment de la nature comme leur âme
poétique et sérieuse à la fois, devinrent plus affinés ; en
revenant aux vacances vers la demeure paternelle, que
de fois ils chantèrent ces vers d'un enfant de la Savoie,
Claude Genoux :

> « O ma rapide Isère,
> Je te revois ! merci !
> Je vais voir ma chaumière,
> Et toi, ma mère, aussi.
> Pauvre exilé, courage !
> Vois sur ces toits fumants
> Le clocher du village... »

Les jeunes collégiens passèrent neuf années consécu-
tives dans cet établissement secondaire, au prix annuel,
convenu à forfait par leur papa avec l'abbé Croisollet,

de 560 francs pour les deux, tout compris, sauf la dépense des livres classiques. Leurs études y furent excellentes. Non seulement Antoine, autant que son frère, remplissait ses devoirs en bon écolier avec intelligence et exactitude, mais il nourrissait encore son esprit d'utiles lectures : ses préférences allaient à Virgile, Corneille, Bossuet, Racine, et, plus tard, à sa sortie de collège et à l'âge mûr, dans les modernes poètes et prosateurs, d'Alexandre Dumas père à Lamartine, Alfred de Vigny, Musset, Renan, Anatole France, Alphonse Daudet, Maupassant, Hérédia, et, par-dessus tous, à Victor Hugo. Au cours de ces années, Antoine professa une estime et une affection marquées pour deux de ses professeurs, l'abbé Berthier, mort curé d'Yenne, et l'abbé Girardy, aujourd'hui procureur cistercien d'Hautecombe. Dans son année de philosophie, sa dernière année de collège, Antoine obtint huit prix, légitime couronnement de ses efforts.

Quant à Charles, son frère, après une première année de philosophie, il passa brillamment son baccalauréat ès lettres, alors qu'en général on ne se présentait à cette dure épreuve qu'après une seconde année. D'ailleurs, à Rumilly, il n'y avait aucune préparation spéciale aux baccalauréats sciences ou lettres, car on appréhendait que ce grade universitaire ne vînt éloigner les jeunes gens de la prêtrise qui était le véritable but à atteindre dans ce collège tenu par le clergé. Antoine Girard, qui en fut victime, se souvient avec émotion des consolations, de l'affabilité et des encouragements dont il fut tout particulièrement l'objet de la part du bon abbé Croisollet. Combien de fois fut-il ainsi réconforté avec délicatesse dans les nouveaux déboires d'amour-propre causés par certains costumes de singulière étoffe qu'avait, à compte réduit, fait fabriquer leur père à la campagne. Quand cet aimable directeur céda sa place à l'abbé Roux, les deux collégiens Girard furent loin de retrouver en celui-ci l'accueil cordial qui les avait soutenus jusqu'alors.

Puis vint 1870 ; la guerre était déclarée. Aux échos trop sonores des cris populaires « *A Berlin!* » Antoine, dans son enthousiasme, voulait s'engager. Il comptait sans la volonté paternelle : comme il n'avait pas atteint l'âge de dix-huit ans, l'indispensable consentement lui fut refusé sans réplique. L'idée lui vint de se lancer dans une entreprise commerciale ; c'était également la pensée secrète de son frère Charles qui, en toute éventualité, prit sa première inscription en vue du doctorat en médecine. Mais, à cette nouvelle, le père Girard, selon ses habitudes de prudence économique, après s'être entouré de renseignements, déclara que ses ressources ne lui permettaient point de satisfaire à des études aussi coûteuses. Renonçant à l'espoir qu'il avait en vain caressé, Charles dut se rabattre sur la pharmacie, dont le diplôme était moins onéreux à obtenir. Une fois étudiant à Lyon, il invita son frère Antoine à l'y rejoindre. C'était d'ailleurs l'ordre paternel non moins que le vœu de son cœur, et voilà encore les jumeaux réunis dans la même sphère d'activité studieuse et la même maison comme employés à la pharmacie Collet. Ils y passèrent plus de trois années.

Quand arriva le tirage au sort, qui attribua à Charles son numéro d'exemption du service militaire, surgit entre les deux frères une lutte de touchante solidarité. Ni l'un ni l'autre, deux jours avant de se rendre à l'hôpital Saint-Martin de Paris, où ils étaient appelés en qualité de *potards*, ne savait encore lequel ferait son temps de caserne ou d'hôpital. A la dernière heure, ce fut Charles Girard qui, malgré son bon numéro, se décida pour l'armée ; Antoine céda devant des arguments irréfutables. D'ailleurs, un même sentiment agitait leur âme ; ne voulant à aucun prix être à charge à leurs parents, un pacte fraternel d'affection et de dévouement réciproques fut conclu : Antoine continuerait à travailler et viendrait en aide à son frère en lui envoyant une subvention mensuelle prélevée sur ses appointements. Le programme fut d'autant mieux réalisé que tous deux se disaient comme Jean-Monique [1] avec mélancolie :

> « La route est inconnue ; mais c'est la route ;
> Et pourvu qu'elle aille toujours devant,
> Et qu'on la sente franche et dure au talon,
> Qu'importe l'ombre autour de nous ! »

Au régiment, après avoir reçu les caducées d'infirmier de visite, Charles fut délégué à l'hôpital de Montmédy. Toutefois, l'École de Pharmacie de Lyon, transformée en Faculté mixte de médecine et de pharmacie, l'attirait pour y aller terminer ses études pharmaceutiques. Aussi rendit-il les caducées pour redevenir simple infirmier et parvint-il à obtenir par permutation la faveur de revenir dans le chef-lieu du Rhône, où il fut autorisé à suivre les cours. Les cinq années de service militaire ne touchaient pas encore à leur fin quand il subit brillamment, avec son ami Guérin [2], les épreuves écrites, orales et professionnelles des examens de pharmacien de 1re classe. Ce furent les deux premiers diplômés de ce genre de la Faculté mixte de Lyon.

Les jumeaux Girard avaient alors vingt-six ans et demi, tous deux jolis garçons, intelligents, studieux, ayant foi en leur étoile, mais guère plus avancés au point de vue économique. Antoine gagnait 150 francs par mois, en plus nourriture et logement, tandis que son pauvre frère, fusilier de 2e classe, tout possesseur qu'il était du diplôme de pharmacien de 1re classe, était dénué de tout, sauf d'espérance. Par moments l'énergie et la philosophie du Savoyard s'effaçaient devant l'âpre réalité. Comment faire pour acheter une pharmacie? Au bout de cette idée obsédante survenait le découragement : ce vieux dicton *qu'on ne prête qu'aux gens riches* n'est-il pas éternellement vrai? En conseil intime, Antoine et Charles avaient résolu

---

1. Dans l'*Effort libre*, Poitiers, 1912.
2. Aujourd'hui professeur à l'École supérieure de Pharmacie à Nancy.

d'accepter n'importe quelle proposition. Le destin ne sert pas moins les humbles que les audacieux. Par suite du décès de son titulaire, une pharmacie était devenue vacante à Villedieu-les-Poêles, dans la Manche : on la proposa à Charles Girard, qui signa, les yeux fermés, tous les papiers qu'on lui présenta, et le voilà installé en Basse-Normandie, région peu commode pour un débutant étranger à la localité.

Il tombe ainsi au centre d'une petite ville, où il va végéter trois cents jours par an dans une maison où tout manque, surtout la clientèle. Sa situation y fut d'abord lamentable, les recettes nulles ou à peu près ; ce fut au point qu'Antoine, appointé, nourri, était un millionnaire par rapport à son infortuné frère. Heureusement pour lui, l'amour veillait ; un mariage seul pouvait le tirer d'embarras.

Antoine Girard à 26 ans.

Très séduisant de sa personne, il tenta l'aventure. Ayant distingué une jeune fille appartenant à la plus riche famille du pays, il se présenta pour demander sa main ; le futur beau-père, un vrai saint laïc, adorant sa fille et l'idée lui souriant de pouvoir la conserver à ses côtés, accueillit la demande du jeune Savoyard, sous réserve de bons renseignements.

Ils furent excellents, et le mariage se fit rapidement. Aussitôt que Charles fut marié, sa pharmacie changea complètement de face, car la notoriété et la haute honorabilité du beau-père [1] posèrent à tel point la maison du gendre qu'elle devint en peu de temps la première de la contrée. Antoine vint de Paris, où il était entré depuis janvier 1875 dans le laboratoire du Dr Servaux

1. M. Pierre Dolley.

pour assister au mariage de son frère comme garçon d'honneur. Cette circonstance le mit en présence de la sœur aînée de la jeune mariée ; quoique ayant juré de ne jamais songer au mariage, elle jeta cependant à son tour un regard de sympathie vers le jeune Antoine. Mais l'époque la plus douloureuse moralement et la plus physiquement pénible de son existence allait commencer pour lui.

Il était intelligent, joli garçon, yeux bleu clair, cheveux blonds bouclés, la mine fraîche et timide. Pour un défaut, la timidité n'est pas dénuée d'un certain charme, et ce charme est apprécié des femmes. On voit tant de gens ne douter de rien, principalement d'eux-mêmes, gens qui posent et qui s'imposent, que le geste de celui qui hésite semble plein de grâce, si gauche soit-il en réalité. N'y a-t-il pas une délicatesse d'âme en cet être qui doute de soi précisément parce qu'il a grand souci de votre bienveillance, de votre opinion, de votre attitude à son égard, dans cet être discret, modeste, embarrassé, qui a la pudeur intime de ses sentiments et des vôtres? C'est un sensitif, un impressionnable de nature, un tendre, qu'un mouvement inconscient, une inflexion de voix suffisent à mettre en joie ou au désespoir. En même temps qu'une faiblesse, la timidité est un signe de cœur. Elle apparaît comme une étape normale par laquelle il est salutaire que passent les jeunes hommes, mais il serait pernicieux qu'elle s'installe à demeure, car, sous l'empire de l'émotion, le timide est incapable de rassembler ses idées et de les associer par un lien logique. Ces symptômes sont l'expression morale d'un bouleversement psychique profond, et il ne faut pas qu'il domine. « *La timidité a été le fléau de ma vie,* » disait Montesquieu. Le timide, en effet, est d'autant plus à plaindre qu'il est facilement méconnu ; à première vue, trop souvent on l'estime froid, balourd, sans esprit ni savoir et, pour les gens peu enclins à l'observation des phénomènes moraux, il devient facilement une quantité négligeable.

Antoine Girard passa par cet état psychologique [1], mais il comprit le besoin de lui opposer l'énergie de la volonté : voilà le remède spécifique. La trilogie que Maurice Barrès a consacrée à la culture du moi n'est pas autre chose, en somme, qu'une thérapeutique de la timidité. Mais il n'est rien de moins commode que de s'en départir : la tentative de la supprimer est un tel tonique du vouloir que les timides qui, comme notre Antoine, ont vaincu ce défaut comptent parmi les plus volontaires des hommes. Donc, et c'est la conclusion à laquelle je m'arrête, la timidité est bien une étape dans la vie des jeunes, étape d'autant plus essentielle qu'outre la merveilleuse occasion qu'elle offre à la volonté de se surmonter, elle sauve le jeune homme en voie de formation de la banalité courante, elle le dote d'une vie intérieure de l'âme, sans compter que la timidité est le plus souvent la conséquence d'une originalité qui se cherche. On peut bien augurer du timide : il a la chance de devenir quelqu'un. Tel est le cas pratique de cette notice sur Antoine Girard, dont l'énergie triomphera de tous les obstacles et même des entraves de famille.

Au retour du voyage de noces, les deux frères eurent un sérieux entretien. Charles, bien marié, était maintenant en bonne voie ; Antoine, qui avait été un brillant élève au collège de Rumilly, allait avoir bientôt vingt-sept ans, et ne possédait ni situation, ni diplôme. Tous ses amis et camarades étaient docteurs en médecine, pharmaciens, ingénieurs ou avocats, et lui n'était encore qu'un simple étudiant en pharmacie n'ayant subi aucun examen. Charles Girard exerça sa bonne influence de frère sur le malheureux Antoine et lui prodigua ses conseils avec de justes paroles d'encouragement : il lui fit comprendre

---

1. On raconte même, à ce propos, qu'étant jeune homme il eut besoin d'un louis ; il vint en rougissant et tout tremblant le demander à un personnage qu'il connaissait. Ayant éprouvé un sévère refus, il se jura de ne plus compter que sur lui-même, et il le fit.

qu'il ne resterait qu'un déclassé, s'il venait à abandonner la profession ébauchée ; il lui recommanda le secret (car son infime position n'était connue que de Charles) ; il lui promit un concours efficace afin d'en sortir avec honneur. Sur les conseils fraternels, Antoine prit la résolution d'aller se cacher dans une ville de province, passer son examen de grammaire et poursuivre ses études pharmaceutiques. Afin de réaliser ce projet, Antoine partit pour Rennes.

Jusque-là, Antoine avait éprouvé tant d'hésitations, d'incertitudes, qu'il était :

> Pareil à ce ruisseau, qui ne sait ni la source
> D'où son onde jaillit, ni vers où tend sa course,
> Et qui tour à tour mêle à son flot transparent
> L'azur, l'arbre, la fleur ou le nuage errant...

Mais, réconforté par son frère, il va préparer sa destinée. Dès son arrivée à Rennes, il se met en quête d'une petite chambre d'étudiant afin de préparer son examen de grammaire. Quand il se vit seul dans ce modeste logis, dans une ville éloignée du pays natal, il fut pris d'une crise de mélancolie, d'un abattement moral tel que, si l'on invoque devant lui ce souvenir du passé, il en a encore les yeux voilés de pleurs. Surmontant ce premier mouvement, la part de la faiblesse humaine, il va trouver un professeur du lycée et lui expose son cas. C'était en octobre ; la session d'examen s'ouvrait en novembre. Ce digne homme lui remit toutes les versions latines des dernières années, une trentaine environ, et lui fixa un rendez-vous pour deux jours après. Avec une certaine fierté, Antoine lui apporta la traduction de toutes ces versions : un peu surpris, le professeur parcourant ces devoirs les déclara mériter l'admissibilité et l'engagea à préparer le baccalauréat ès lettres ; mais Antoine était presque fiancé et le temps lui manquait pour conquérir ce grade universitaire. Allant au plus pressé, il dut se contenter de viser simplement au diplôme de pharmacien de 2e classe, car il gagnait ainsi deux années. Il fit preuve, en cette nouvelle circon-

stance, d'une indomptable énergïe et d'une capacité de
travail peu ordinaire : suivant pas à pas le programme
qu'il s'était tracé, il subit à Rennes, en novembre,
l'examen et se rendit à Paris, où l'attendaient de nouvelles difficultés.

Quoique fort long, son stage était irrégulier de forme.
Un ami s'interposa pour obtenir de régulariser la situation ;
Jules Ferry, qui trônait alors au ministère de l'Instruction
publique, accorda l'autorisation nécessaire pour continuer
les études pharmaceutiques. Antoine accomplit alors un
fait unique dans les annales de l'école de pharmacie :
en douze mois et treize jours il prit successivement toutes
ses inscriptions réglementaires, termina toutes ses études,
passa tous ses examens définitifs, dont le dernier eut lieu
le 4 décembre 1880. Le malheureux jeune homme n'avait
pas produit un tel effort sans préjudice pour sa santé : on
dut le porter sur une chaise à la table des examinateurs
le jour de la dernière épreuve ; de violents rhumatismes
l'empêchaient de se mouvoir.

Depuis quinze mois, une correspondance bi-hebdoma-
daire n'avait cessé de s'échanger tendrement entre les deux
amoureux ; mais les futurs beaux-parents étaient loin
de voir la demande en mariage du jeune Antoine d'un
œil aussi favorable que celle de son frère, qui l'avait
précédée : outre que celui-ci était pharmacien de 1re classe
et qu'il habitait la localité, tandis que celui-là n'avait que
la seconde classe et voulait emmener celle qui allait
devenir sa femme loin du pays, les idées commerciales
d'Antoine non moins que ses opinions très avancées sur
toutes sortes de points brûlants qu'il ne se gênait pas
d'exposer au sein de sa future famille très pusillanime,
très pondérée en tout, apportaient une certaine appréhen-
sion à la réalisation du mariage. La jeune fille avait un
penchant pour l'heureux Antoine, et l'amour fut le meilleur
avocat.

On avait fixé le mariage au 8 décembre. Des docteurs-
médecins de ses amis, constatant l'état de santé du

fiancé, lui déclarèrent que sa vie était en jeu et qu'à tout prix il devait retarder son union matrimoniale. Aux supplications amicales il répondit nettement : « *Je mourrai s'il le faut, mais je ne retarderai pas d'une heure ce mariage tant désiré.* »

Le lendemain de son examen final du 4 décembre 1880, accompagné de deux amis savoyards, les Drs J. Monard et F. Helme, il se mit en route pour la Manche, et toujours sans pouvoir se servir de ses jambes. C'était un dimanche. Leur arrivée à Villedieu dans l'après-midi produisit un triste effet, mais la volonté de réaliser le rêve domina tout. Contrat de mariage le lundi, et le mardi visite d'un jeune vicaire de la paroisse, il y eut discussion sur l'absence de foi religieuse chez le fiancé. Le pauvre abbé lui dit qu'il allait prier pour sa guérison : « Si la santé vous est revenue, dit-il, si vous pouvez danser demain soir pour vos noces, douterez-vous encore? » Influence céleste de la prière ou joie immense du bonheur qui l'attendait, Antoine était le lendemain remis soudainement sur pied. Au jour convenu, le mariage fut célébré le matin à la mairie et, le soir à minuit, selon le vieil usage du pays [1], il le fut à l'église et, au retour, il dansa. Revenu à Paris avec sa femme, Antoine Girard, plus heureux qu'un roi, passa trois semaines en allées et venues de tout genre sans jamais prendre une voiture : ses jambes le portaient, le miracle était accompli.

Son beau-père, un gros notable, se nommait *Pierre Dolley*. Pendant quarante ans, il fut le premier adjoint de sa petite ville, ayant par modestie toujours refusé la dignité de maire. Homme d'une rare probité, ayant cru un jour que le fisc s'était trompé au détriment de l'État dans une affaire de succession, il réclama pour payer l'impôt intégral. Il avait épousé sa cousine qui était nièce de Pierre Parissot, le fondateur de la maison parisienne *La Belle Jardinière*. Mme Dolley ne s'occupait que de bonnes

1. Cet usage est également répandu dans le midi de la France.

œuvres ; en dehors des heures consacrées à son intérieur, elle passait toutes ses journées à visiter et à soigner les enfants abandonnés chez eux par les parents obligés d'aller travailler au dehors, dévouement sublime à la fois religieux et social. Telle était la famille dans laquelle venait d'entrer Antoine Girard, sous les auspices de son frère.

Il s'occupa de trouver une pharmacie. Au 1er janvier 1881, il vint s'installer à Chevreuse, où il séjourna quatre ans et demi et où il eut l'idée de faire une petite incursion dans la politique, couronnée d'ailleurs de succès. Mettant en pratique son génie d'organisation dans un laboratoire désuet, abandonné à la dérive, il y fit merveille. Ce fut son premier résultat commercial. Mais son bonheur en affaires avait d'abord été troublé par des peines bien cruelles. A peine installé, il fut victime d'un vol par effraction qui le dépouilla de tout ce qu'il avait chez lui. Des trépas répétés vinrent s'y ajouter comme un fatal destin : père de deux enfants, il les perdit alors qu'ils commençaient à balbutier les doux noms des auteurs de leurs jours.

Les frères Girard s'aimaient d'une vive tendresse. Ils étaient nés jumeaux ; ils avaient subi tous deux la rigueur paternelle qui, chaque année, transformait les vacances du collège en un dur labeur aux champs ; ils avaient éprouvé les mêmes difficultés de début, s'étaient tous les deux établis en province et avaient épousé les deux sœurs. Tout en suivant le même but dans la même profession, ils avaient dû se séparer, l'un restant dans la Manche auprès des beaux-parents, l'autre venant s'installer à Chevreuse. Cette séparation pesait à leur affection : leur vœu et leur espérance étaient de se réunir à Paris, car la province n'offrait pas à leur activité dévorante un terrain d'exploitation en rapport avec leurs désirs. En 1887, ce rêve fraternel était sur le point de se réaliser lorsqu'un événement indépendant de toute volonté humaine vint soudain l'anéantir : Charles Girard, dont la santé cependant paraissait très robuste, fut frappé de paralysie en pleine jeunesse et

mourut pour ainsi dire deux fois, laissant sa veuve
inconsolable avec trois enfants. Ce coup imprévu du sort
ne fut pas le seul qui vint affecter Antoine Girard. Une
grave maladie l'avait déjà surpris au point de compromettre sa vie, mais sa trempe vigoureuse de montagnard
l'avait sauvé du péril ; puis, coup sur coup, les morts du
vertueux M. Dolley, son beau-père, de la pieuse Mme Dolley,
et d'une sœur de sa femme. Il eut à porter jusqu'à
cinq deuils à la fois. On voit donc que, malgré le
bonheur qui semblait d'abord lui sourire, notre Antoine
n'eut pas que des roses sur son chemin.

Chevreuse n'avait plus pour lui que des souvenirs amers;
il vendit sa pharmacie dans d'excellentes conditions et
se rendit acquéreur de la célèbre pharmacie de la *Croix
de Genève* [1]. Après le drame qui s'y était passé [2], il fallait
une certaine audace pour tenter l'aventure de la re-
mettre en valeur ; mais la fortune capricieuse aime
les audacieux et, du reste, il avait trente-trois ans et ses
vertus de Savoyard. Seul directeur de cette importante
maison, il se rendit un compte exact des devoirs qui lui
incombaient. Une semblable profession réclame, en effet,
de l'honnêteté, de sérieuses connaissances d'histoire
naturelle, de chimie et autres sciences annexes, et exige,
en somme, tout autant de tact et d'affabilité que celle
du médecin. De plus, dans la pensée de Girard, la pharmacie n'est pas une profession de luxe dont les produits
s'adressent à une catégorie de gens fortunés, mais surtout
une espèce de sacerdoce d'utilité générale auquel le peuple
a autant recours que les classes aisées. Tout pharmacien
digne de ce titre doit donc être doublé d'un philan-
thrope sincère, car il a, aussi bien au hameau qu'à la ville,
une grande mission sociale à remplir.

Indépendamment de ce but sacré de philanthropie à
poursuivre, Antoine Girard, en praticien avisé et conscien-

---

1. Fondée en 1878 au boulevard Saint-Germain, n° 142, par MM. Fouquerolle et
Cadet, ce dernier vice-président du Conseil municipal et député de Paris.
2. Suicide du prédécesseur de M. Girard.

cieux, s'est plu à rechercher la solution de plusieurs problèmes de la thérapeutique moderne. Dès le début de ses études pharmaceutiques, frappé des inconvénients d'absorption d'un remède aussi efficace que l'huile de foie de morue, il fut amené à chercher une préparation présentant les mêmes propriétés curatives, mais d'un emploi plus agréable : il composa le *vin Girard* [1], actuellement recommandé par un grand nombre d'autorités médicales, et son Livre d'Or contient plus de deux mille attestations dont la sincérité ne peut être mise en doute. Le succès de ce produit fut si considérable que les vastes sous-sols de la pharmacie de la Croix de Genève devinrent insuffisants et que son heureux inventeur dut aller chercher dans la banlieue des locaux plus propices à sa fabrication [2].

Par suite de ses amicales et anciennes relations avec le Dr David [3], il fut également amené à étudier la question compliquée des dentifrices. Partisan convaincu de la doctrine antiseptique de Pasteur, il était persuadé que les seuls dentifrices rationnels sont ceux qui assurent à la cavité buccale l'asepsie complète, et il en créa d'absolument conformes aux théories de la science contemporaine. Le succès répondit encore ici à ses efforts auprès d'un public éclairé. Aussi, en 1889, estima-t-il de son droit comme de son devoir d'exposer ses produits à la grande *Exposition universelle* : il y fit bonne figure, lui nouveau venu au milieu des fastueuses maisons qui ont plus d'un demi-siècle d'existence, et le jury, en lui décernant une médaille, ne fit que rendre hommage à un réel mérite. L'année suivante, à l'*Exposition internationale des sciences et des arts industriels*, tous les visiteurs purent

---

1. Ce produit, à base d'iode, de tanin et de lacto-phosphate de chaux, contient à l'état condensé, outre les éléments constitutifs de l'huile de foie de morue, des substances toniques. Un flacon de *Vin Girard* renferme les principes de 5 litres d'huile de foie de morue et trouve son utile application dans une infinité de maux.

2. Avec l'étonnante activité et la largeur d'idées qui le caractérisent, Antoine Girard installa d'abord en 1890, à Montreuil, une série de foudres lui permettant d'avoir une réserve disponible d'environ cinquante mille flacons de son produit.

3. Directeur de l'École dentaire de Paris et député des Alpes-Maritimes en 1890.

admirer son originale et coquette installation : la *Croix de Genève* attira tous les regards, et l'on sentait que l'homme qui l'avait organisée n'était pas seulement un savant spécialiste, mais de plus un homme de goût.

Le *portefeuille médical* et l'*agenda posologique* comptèrent encore au nombre de ses créations. Chaque trimestre, tous les médecins de France reçoivent un portefeuille leur fournissant mille indications précieuses sur les nouveaux médicaments, leur dosage maximum et minimum, les spécialités pharmaceutiques qui méritent d'être recommandées. Quant à l'agenda, toujours mis à jour, il contient, en dehors de son texte, des feuilles pour relever la température des maladies, soin si important dans l'art de guérir.

Les débuts d'Antoine Girard à la pharmacie de la Croix de Genève avaient été très durs, par suite des circonstances auxquelles nous avons fait allusion. Ce n'est qu'après l'exposition de 1889 que les affaires tournèrent à la prospérité. Une violente épidémie d'*influenza* avait sévi. Durant cette calamité publique, notre compatriote conçut une idée pratique, simple et utile à tous : au lieu de suivre le vieil errement de profiter de la circonstance pour réaliser de gros bénéfices, il fit annoncer une baisse de prix énorme sur tous les produits ordonnés par les médecins contre ce ravageur. La clientèle lui en conserva gratitude et lui resta fidèle. Aussi son chiffre d'affaires dans les années suivantes fut-il beaucoup plus considérable que l'année de l'épidémie. En même temps ses spécialités commençaient à se répandre un peu partout. On sait le reste et les faits sont accomplis : la fortune lui fit un accueil inespéré.

Le coup d'œil sur la valeur productive d'une entreprise n'est pas donné à tout le monde. Cette qualité-là, qui est un signe de vocation, d'un certain fonds de culture et aussi d'atavisme [1], n'est pas de celles qui s'acquièrent : on l'a

1. Ainsi le maire *Jean-Baptiste Girard*, son père, savait du premier coup d'œil apprécier la valeur d'une terre et de son rendement possible, à tel point que le marquis

dans le sang ou on ne l'a jamais. Sa vraie source est ignorée,
— « l'esprit souffle où il veut », dit-on, — mais, quand on ne
l'apporte pas en germe avec soi, rien ne peut la procurer,
ni le temps, ni les conseils, ni la bonne volonté. Dans
l'achat de la pharmacie du boulevard Saint-Germain,
Antoine Girard, en homme avisé, avait immédiatement
entrevu le parti qu'il en pourrait tirer sous l'influence de
l'initiative et du progrès. De cette maison compromise
dont il avait pris possession le 1er mai 1886, il fit la pharmacie la plus achalandée et la mieux ordonnée de la rive
gauche. L'officine Girard devint, en outre, le rendez-vous
quotidien d'artistes, de gens de lettres, de magistrats qui
venaient causer amicalement avec l'heureux disciple de
Galien. On y voyait aussi fréquemment l'original Savoyard Ferroud, propriétaire de la librairie des Amateurs,
boulevard Saint-Germain.

Au faîte d'une prospérité due à son intelligence des
affaires et à sept années d'un constant labeur, il vendit
dans des circonstances exceptionnellement favorables
cette maison ressuscitée par ses soins, et il renonça aux
procédés de détail pour inaugurer, en 1892, sa grande
maison de spécialités [1], qui ne cessera de prospérer. Par
une extension logique, il dut créer à cet effet son usine
modèle de la Croix-de-Berny, où il eut le bonheur et la
fierté filiale de recevoir les éloges de son père, venu à
Paris pour le voir dans sa splendeur commerciale, à laquelle il n'aurait autrefois jamais cru. Sur un terrain
qu'il avait acheté rue d'Alésia, non loin de cette belle
place Saint-Pierre-de-Montrouge, il fit édifier un vaste
immeuble à plusieurs fins : y transporter ses bureaux
d'exploitation en gros, y établir son *home* particulier et
en faire en même temps une maison de rapport. *Le vin
Girard est chez lui*, c'est le cas de le dire, et non seu-

Costa de Beauregard ne voulut que lui pour expertiser ses immenses domaines de
Savoie et de Piémont, qu'il désirait partager entre sa nombreuse postérité. D'ailleurs,
après l'annexion, les qualités sérieuses de J.-B. Girard comme agriculteur, viticulteur
et sériciculteur l'avaient d'emblée fait nommer chevalier du Mérite agricole.

1. Au n° 22, rue de Condé, et 17, rue de Tournon.

lement chez lui, mais partout, car il est maintenant universellement connu : il n'existe pas un pays au monde où notre heureux compatriote n'ait répandu ses produits, dont on a reconnu l'efficacité bienfaisante.

Les récompenses abondent : médaille de bronze à l'Exposition Universelle de 1889, — palmes d'officier d'Académie en 1891, — rosette d'officier de l'Instruction publique en 1896, — médaille d'argent, médaille d'or, — diplômes d'honneur, — grand prix, — nomination de membre du jury aux autres expositions tant universelles qu'internationales, — nomination de rapporteur général au Congrès de spécialités à l'Exposition Universelle de Paris 1900, — conseiller du Commerce extérieur, — membre du Comité des expositions. Tout cela, couronné, à la suite de l'Exposition de Bruxelles de 1910, par la *Croix de la Légion d'honneur* en 1911, distinction méritée s'il en fut jamais. A propos de cette promotion, un banquet, qu'on pourrait surnommer un concours poétique en l'honneur du nouvel élu, réunit les amis d'Antoine Girard : un délicieux sonnet de Charles Dufayard y parla de l'amitié ; une femme de beaucoup d'esprit [1] y célébra les mérites et la modestie de l'amphitryon en des termes dont voici l'épilogue d'un charmant style familier :

« Si ces mots, d'éloge trop bref,
Effarouchent son goût modeste,
Et, s'il doit m'en faire grief,
Le dernier moyen qui nous reste
Pour obtenir mon pardon,
Mesdames, sans vous compromettre,
C'est de bien vouloir me permettre
De l'embrasser en votre nom...
Vous y consentez, je l'espère.
Je vais donc à l'instant le faire,
En offrant nos vœux par milliers
Au plus galant des Chevaliers. »

1. Mme F. Helme, la femme de notre savant et aimable compatriote le Dr Helme, qui fut, comme on l'a vu précédemment, un des témoins d'Antoine Girard à son mariage à Villedieu.

Mais Antoine Girard n'a pas simplement limité, dans un but égoïste de fortune, ses connaissances et ses efforts à la pharmacologie. Passionné pour les études qui l'ont enrichi, il ne l'est pas moins soit en matière de science sociale, soit en art et en belles-lettres. Convaincu de la vérité pratique de certains principes d'économie politique, il considère que, de toutes les réformes modernes, la plus indispensable comme la plus féconde doit porter sur les impôts. Irréductible adversaire de tout impôt de consommation et, par conséquence logique, des octrois qui épargnent relativement le riche, pour peser principalement sur les classes laborieuses, il estime qu'il y aurait un grand progrès à réaliser dans leur suppression radicale et leur remplacement comme équivalence par un impôt progressif sur les successions [1]. Au point de vue de la prévoyance et de la solidarité, ses actes suffisent à préciser sa mentalité : membre perpétuel et fondateur de la Société d'hygiène de l'enfance, — membre perpétuel de la Société philanthropique savoyarde, — de la Société amicale des anciens élèves du collège de Rumilly, — de la Société pharmaceutique de Savoie, — de l'Association des petits Savoyards à la montagne, — de l'Orphelinat des Arts, et enfin inspirateur ou associé de tant d'autres bonnes œuvres, souvent discrètes, empreintes de cette sensibilité touchante qui, de l'âme de sa mère, a passé dans la sienne.

Cette sensibilité met à chaque instant chez lui en mouvement des sentiments d'une infinie délicatesse. Se souvenant des neuf années passées au collège de Rumilly avec son frère Charles, dans des conditions économiques presque humiliantes par suite de la parcimonie paternelle, il fonda pour cet établissement d'enseignement secondaire trois prix d'honneur, qui sont distribués chaque année. En août 1894, il se rendit à Rumilly et pro-

---

1. Un des plus éminents avocats et économistes belges, M. Paul Jansons, a depuis longtemps conçu à cet égard une théorie remarquable, à laquelle il a donné le nom de *Collectivisme posthume*, régime par lequel on atteindrait l'ordre successoral collatéral.

nonça un discours [1] qui montre fort bien sa personnalité
et qu'il serait intéressant de reproduire tout entier; mais
nous devons nous restreindre à quelques fragments dont
la beauté est admirable :

« Homère dépeint quelque part la joie touchante d'U-
lysse au moment où, arrivé sur la terre natale, il aperçoit,
s'élevant dans l'azur du ciel d'Ithaque, un mince filet de
fumée. J'éprouve un sentiment analogue en me retrouvant
après vingt-trois ans dans ce Collège où s'est écoulée
ma première jeunesse, en revoyant cette maison, cette
chapelle, cette salle qui me rappellent de si nombreux,
hélas ! de si lointains souvenirs.

« Heureux qui les revoit s'il a pu les quitter !

« Mais trêve à ces effusions. Ne croyez pas que je
veuille abuser des circonstances qui me font un instant
passer du banc à l'estrade pour vous haranguer longue-
ment. Je tiens surtout à vous dire qu'en réalisant une
œuvre depuis longtemps conçue dans mon esprit, en
fondant des prix d'honneur pour les classes de seconde,
de rhétorique et de philosophie, j'ai voulu témoigner
de mon affection pour ce Collège, maîtres et élèves, et
glorifier le travail en encourageant la jeunesse studieuse
qui m'entoure. Aujourd'hui que j'ai acquitté ma dette
de reconnaissance, je ressens une impression singulière.
Loin d'être libéré, il me semble qu'un lien plus fort
m'unit à vous, qu'un nouvel anneau s'est ajouté à la chaîne
idéale du cœur...

« Mes amis, quel que soit le but que vous vous propo-
siez,... que le travail à fournir ne vous effraie pas... Vous
lui devrez les joies les plus pures et les plus durables, si
toutefois vous savez en étendre la portée et diriger votre
effort vers un idéal largement conçu. Les rôles les plus
modestes, les postes les plus effacés, je me plais à le dire
devant un prince de l'Église et devant le représentant
de l'armée, lorsque le souffle du devoir et l'âme de la

---

1. Voir le discours *in extenso* dans le *Journal du commerce et de l'agriculture de
Rumilly*, du 12 août 1894.

Patrie nous inspirent, peuvent donner prétexte aux actions du plus noble héroïsme...

« La volonté peut toujours corriger le hasard et servir la Providence. Je ne sais s'il vous sera donné d'atteindre le but de vos légitimes ambitions, de réaliser le rêve entrevu. Si cette faveur vous était accordée, de nouveaux devoirs vous attendraient. Arrivés au succès, vous aurez à vous le faire pardonner : nous vivons à une époque d'âpres compétitions et d'infinies convoitises ; les individus et les peuples ont désappris la loi d'amour qu'un Dieu nous apporta, et la moitié du monde envie l'autre moitié... Soyez indulgents à l'humaine détresse. Ouvrez la main aux humbles et aux déshérités ; donnez une parole réconfortante aux découragés et aux vaincus. »

Quelques années après, en commémoration du cinquantenaire franco-savoyard, il eut, le 10 juillet 1910, un geste qui eut un grand retentissement dans toute la presse et dont les Savoyards en particulier ont été justement fiers : il fonda un prix de 1 000 francs à décerner chaque année par le ministre de l'Instruction publique à un jeune peintre peu fortuné ayant obtenu sa première récompense à la *Société des Artistes français*. Ce prix s'appelle le *Prix de la Savoie*. Dans une largeur de vues digne de son geste, le fondateur n'a pas voulu, d'une part, lui imposer une barrière provinciale, et, d'autre part, il doit venir à l'aide d'un artiste dont les débuts dans l'art sont difficiles : « *Les premiers baisers de la muse*, comme l'a dit éloquemment l'un de nos plus renommés compatriotes [1], *se posent le plus souvent sur des fronts que l'infortune a déjà touchés.* »

On vient de voir ce qu'Antoine Girard a fait pour l'art pictural. Mais ses facultés l'entraînent vers toutes les manifestations du beau. Au milieu de ses multiples

1. Voir l'article de M. CHARLES DUFAYARD intitulé *Un beau geste* dans le *Savoyard de Paris*, juillet 1910.

occupations de haut industriel, lorsqu'il peut s'accorder quelques heures de loisir, il en profite pour se rendre aux diverses expositions ou pour courir admirer dans les magasins des Barbedienne ou des Thiébaut les plus belles productions sculpturales en bronze ou marbre, ravi parfois d'enrichir sa gracieuse demeure, si bien comprise à tous égards, de quelques pièces d'un Aizelin, d'un Falguière ou d'autres célébrités. Chaque année, avant le départ des tableaux pour les salons, il ne manque pas de faire une excursion dans les divers ateliers de valeur et se fait un plaisir de suivre les évolutions de la jeune école.

Il a beaucoup lu et beaucoup retenu. En y ajoutant son fonds d'idées personnelles, originales, notre compatriote forme un homme fort complet et fort utile à consulter en toutes choses. Rien ne lui est inconnu et, même en poésie, il sait discerner les beautés, les défauts ou les défaillances. Mais il s'est pris surtout d'un goût passionné pour la bibliophilie. Il s'est même constitué *honoris causâ* l'éditeur de petites œuvres de certains de nos maîtres : à la mémoire de Theuriet, qui aima tant les bords du lac d'Annecy à Talloires, centre d'artistes et d'écrivains de marque, il fit éditer un petit conte : *Fleurs de Cyclamens*, avec illustrations de notre éminent graveur savoyard Charles Coppier. Avec le concours également d'un autre artiste, qui depuis a fait son chemin, Henri Zo [1], il a publié un conte de Jules Claretie, *la Cigarette*. C'est un moyen pour lui et un bonheur de témoigner sa gratitude et de satisfaire à son irrésistible inclination pour les arts et la littérature.

Sa bibliothèque est des plus remarquable et des plus connue. Il fait partie de la grande lignée de nos biblio-

---

1. Antoine Girard sut apprécier si bien la valeur de cet artiste qu'il lui confia l'illustration du conte de Jules Claretie, et son appréciation fut pleinement justifiée, puisque Henri Zo fut honoré en 1906 du prix du Salon, la plus haute récompense accordée aux jeunes peintres.

philes contemporains. Non seulement il aime le livre ;
mais, comme on peut le voir encore, il a de la joie à le
créer, à le façonner à sa manière de *dilettante*. Ce sens
spécial, il ne l'a certes pas puisé à l'austère maison paternelle sur la colline de Saint-Pierre-de-Soucy : il le
doit à un épisode particulier de sa vie. Évidemment le ·
culte du beau est inné dans Antoine Girard, mais, au
moment où il y pensait le moins, le hasard d'une rencontre vint éveiller une aptitude qui sommeillait en lui.
Un après-midi de l'automne 1886, se promenant boulevard Saint-Germain avec le Dr Monard, son ami, il vit
arriver un homme à la démarche lente et la mine son-
geuse, coiffé d'un gibus gris d'invraisemblables dimen-
sions : c'était Ferroud, le futur éditeur des *Trois Contes*
de Flaubert. Savoyards tous deux, demeurant presque
en face l'un de l'autre au même boulevard, tous deux arti-
sans de leur propre fortune, ils ne se connaissaient point :
le docteur fit les présentations ; ils se revirent fréquemment
et causèrent naturellement de livres. De ces conversations
résultèrent, d'un côté, une orientation définitive de la librairie Ferroud vers l'idéal pur de la bibliophilie, et, d'un
autre côté, un futur candidat aux jouissances des élus de
Bibliopolis. L'un initiait l'autre aux mystères de ce véritable culte, et son bénévole auditeur y trouvait une agréable
distraction aux travaux pharmaceutiques. Peu à peu, une
sorte d'échange intellectuel, de fusion d'idées, s'établit
entre eux. Le projet d'illustrer Flaubert, spécialement dans
ses *Trois Contes*, revient en première ligne à un esprit très
fin, très perspicace, un autre Savoyard, d'Aix-les-Bains,
M. Claude Forestier [1]. Quand il fallut trouver un artiste
pour illustrer Hérodias, le pauvre Ferroud, embarrassé,
se confia à son initié Antoine : sur l'avis de celui-ci, ils
partirent pour le salon qui venait de s'ouvrir : ils tom-
bèrent sur une foule qui admirait l'immense toile de
Rochegrosse, *la Mort de Babylone*, et là, devant cette

---

1. Actuellement directeur de la Société des matières plastiques à Paris.

œuvre grandiose et sensationnelle, ils conçurent la pensée de s'adresser à ce génial interprète du beau. Grâce à Lalauze, qu'ils rencontrèrent quelques instants après et qui s'empressa de les accompagner chez l'artiste, l'affaire fut immédiatement conclue. L'apparition du livre classa Ferroud parmi les éditeurs choyés des bibliophiles. De son côté, la vocation et la réputation de Girard furent définitivement consacrées, et il allait en recevoir bientôt un éclatant témoignage.

Son rêve en cette matière était de faire partie de la *Société des Amis des Livres*. Les compétitions étaient nombreuses ; il n'avait point la situation d'un académicien ; afin d'être élu, il fallait frapper un grand coup. Par suite de la mort d'un titulaire [1], une vacance était ouverte, et le temps était court pour se présenter. Il confia son désir et l'exécution d'une pièce de circonstance qu'il avait conçue, à son ami le poète Marc Legrand et à l'illustrateur connu Paul Avril : en moins de deux mois, fut composée, illustrée, gravée, imprimée et distribuée la fameuse *Lettre d'un candidat ou l'Entrée à Bibliopolis*, dont la lecture, faite au Comité par M. Mercier [2], eut un vrai succès. La faveur dont le président Paillet honorait notre compatriote le fit élire l'un des cinquante titulaires de cette société. Voilà sa manière originale d'entrer dans un cénacle aussi fermé.

C'est sur le titre de cette superbe plaquette in-8 que se trouve l'*Ex-Libris* qu'il choisit pour sa chère bibliothèque : il avoue par cet emblème avoir fait trois parts de sa vie, consacrées à la *Femme*, à la *Pharmacie*, à la *Bibliophilie*.

La gracieuse vignette dessinée par Paul Avril et gravée par Gaujean portait alors comme devise : *E tribus otium triplex*. L'artiste a symbolisé cette trinité chère à notre compatriote par une *jeune femme ailée*, emblème de l'amour, s'appuyant sur le *mortier*, emblème professionnel source de richesse, et tenant en mains le *Livre*, richement

1. M. Coppeaux, conseiller à la Cour des Comptes.
2. Conseiller de cassation.

relié, symbolisant la *bibliothèque* du pharmacien bibliophile.

Quant à la célèbre plaquette qu'Antoine Girard desti-
nait à sa candidature à Bibliopolis, elle fut dédiée à l'ar-
chonte Σύγευής Παλλετος et ne fut tirée qu'à 115 exemplaires numérotés à la presse,
sur papier Whatman, avec,
outre l'*Ex-Libris*, trois su-
perbes compositions de Paul
Avril, interprétées à l'eau-
forte par Gaujean, dont
l'une représente le candidat *Girardos* en costume
grec venant frapper à la
porte de bronze du temple
et l'autre son entrée dans
l'enceinte sacrée.

Le texte, la forme, l'il-
lustration, tout y est en parfaite harmonie. Écrite Ad
MAJOREM LIBRI GLORIAM, elle rend hommage

> « *A ceux qui, confiant aux signes leur esprit,*
> *Firent le Livre, doux passe-temps de la vie,*
> *Où pour l'éternité brille le Verbe écrit.* »

Aux manuscrits du moyen âge s'adressent ces vers
délicieux, que nos lecteurs seraient privés de ne pas
entendre :

> « *La lettrine en couleurs est compliquée et large ;*
> *Dessinée au trait rouge, elle éclate dans l'or*
> *Et semble, débordant superbe sur la marge,*
> *Une fleur oubliée et toute fraîche encor.*

> « *Moines au front rasé, penchés dans vos cellules,*
> *Sur le parchemin blanc, ô bons bénédictins,*
> *Je vous vois composant de nobles majuscules,*
> *Avec la plume d'oie, aux horaires latins.* »

Puis la xylographie et l'imprimerie apparaissent à leur tour :

« L'on taille dans le bois de menus caractères,
On les presse, enduits d'encre, à plat sur le papier,
C'est la xylographie. Enfin, sortant de terre,
L'imprimerie avec Gutenberg va briller.

4

Pour envahir le monde, elle est née à Mayence.
Wohlgemuth, Schongauer, vieux maîtres allemands,
Albert Durer, au fin burin plein de vaillance,
Par elle ont reproduit leurs caprices charmants...»

Avec Manuce, l'école vénitienne ; avec Plantin et les Elzevier, l'école flamande ; avec Simon Vostre, Vérard Estienne, l'école française. Tous sont glorifiés à leur tour. Après les xve, xvie et xviie siècles, l'époque galante brille d'un incomparable éclat avec les Cochin, les Eisen, les Gravelot, les Moreau, les Fragonard. Comme il convient qu'il le soit, notre xixe siècle est chanté par cette pléiade d'artistes tels que Deveria, Prud'hon, Gavarni, Daumier, Granville, Meissonier, Rops, Lalauze, Boilvin, Olivier-Merson, Rochegrosse et autres. Mais, tout bibliophile étant doublé d'un amateur de belles reliures, les relieurs illustres reçoivent également leur tribut d'éloges dans cette apothéose du Livre. Aussi jamais élection dans le temple de Bibliopolis ne fut accueillie avec plus d'unanimité et d'enthousiasme.

Antoine Girard fait aujourd'hui partie d'une autre société de grand renom, celle des *Cent bibliophiles*, qui, sous la présidence de M. Rodrigues, a pris par ses publications fort recherchées une place si importante qu'elle semble éclipser maintenant l'ancienne société des Amis des Livres. La psychologie de notre grand bibliophile guide ses préférences, et les connaître ce n'est pas seulement entrevoir son caractère, mais encore pouvoir apprécier la genèse, le but et la valeur spéciale de sa bibliothèque. Or il s'est orienté vers un but répondant à ses aspirations intimes : former un tout qui, dans une certaine mesure, résumera l'effort du xixe siècle concernant le livre illustré et la reliure. En deux mots, *l'éclectisme dans le moderne*. Sans mépriser l'ancien, le passé l'intéresse moins que le présent ; ses livres préférés sont ceux qui renferment de belles épreuves, mais il éprouve une véritable passion pour les *fumés*, les vrais fumés tirés par le graveur lui-même. « La bibliophilie, me disait-il un jour, m'a donné de grandes joies. C'est un infini plaisir pour moi de voir dans un livre tout ce qui échappe au vulgaire, le papier d'abord, la composition, le choix des caractères, leur disposition dans le texte, les illustrations, le format harmonieux avec l'ensemble, le côté original et les circonstances artistiques d'une édition. » Il aime à posséder de belles gravures, des états spéciaux dus à la seule intervention de l'artiste en dehors de tous procédés, des aquarelles originales de l'illustrateur d'un livre et formant frontispice ; le tout contenu dans une reliure spécialement conçue pour le livre et portant la signature de l'un de nos maîtres relieurs, les Marius Michel, les Mercier, les Cuzin, les Canape, les Saint-André et autres renommés.

Les belles reliures sont choses de prédilection pour lui. On a pu voir, à l'Exposition Universelle de 1900, les ravissantes pièces de ce genre qui ornent sa collection figurer en première place dans la vitrine du célèbre Marius Michel. De tout temps l'art d'habiller le livre a été l'une des grandes préoccupations de ceux qui l'aiment. Rester dans l'esprit du livre et de l'époque de son apparition, tout est là, et c'est absolument aussi rationnel que convenable à tous égards.

Rien ne lui est inconnu de toute la technique de la gravure sur bois, sur cuivre, au burin, à l'eau-forte, en noir, monochrome ou polychrome, à repérage, à la poupée, et les amateurs viennent souvent lui demander des conseils.

Apprécier les morceaux de roi qu'a su admirablement grouper dans sa collection notre distingué compatriote serait une longue causerie artistique qui dépasserait les bornes de cette esquisse. Sur ce point la revue *Art et Décoration* [1] a fourni quelques notes intéressantes et a donné de beaux *fac-similés* de ces joyaux de reliures. Lorsque, dans le sanctuaire du bibliophile de la rue d'Alésia, on est admis à contempler ses nombreuses et impeccables reliures, on se délecte d'enthousiasme devant ces trésors

1. Numéro d'août 1900, p. 46 à 55.

dont il peut s'enorgueillir à juste titre, et l'on se rappelle ce qu'écrivait en 1900, au moment de l'Exposition, Henri Béraldi : « Les Valois jadis les eussent recherchés pour alterner dans leurs royales bibliothèques avec les grands morceaux... Aujourd'hui les Valois se nomment La Croix-Laval, GIRARD, Villebœuf, Borderel, Bordes, Vauthier, Vitta, Claude-Lafontaine... une sorte de Grolier à cent têtes. »

La bibliothèque Girard [1] ne renferme pas seulement d'extraordinaires raretés et curiosités d'un prix inestimable, mais, avec une délicatesse charmante, elle a fait sa part aux souvenirs et à l'amitié : sans oublier les productions de ce grand original André Ferroud, l'initiateur de 1886, elle étale encore sur ses rayons, parmi les volumes préférés, toutes les éditions de luxe de son ami M. Gabriel Hanotaux, avec ses dédicaces pleines d'à-propos et de cordialité. Personne, d'ailleurs, n'a mieux défini que le grand académicien les mérites du beau livre et de sa parure : « Le beau livre, dit-il, tel que l'ont conçu les grands imprimeurs, tel que l'ont recherché les grands amateurs des siècles passés, tel qu'il figure aujourd'hui dans les ventes célèbres, est un objet de luxe et un objet d'art si raffiné que peut-être il n'en est pas de plus exquis. Vêtu de peau comme un être vivant, portant sur les plats de sa reliure l'or, l'argent et les gemmes, ornant sa tranche soit de la pourpre sanglante, soit de l'opulence des vieilles dorures ciselées parfois comme des armures, s'il s'ouvre, il évoque par le moindre de ses détails l'alliance du génie qui l'a conçu et du goût qui l'a réalisé. » On dirait qu'il avait, en écrivant ces lignes, la vision encore éblouissante des chefs-d'œuvre qui font la gloire de la bibliothèque de son ami Girard.

Malgré toutes les joies que ses aptitudes et ses recherches de bibliophile ont apportées au cours des

1. Cf. une judicieuse étude de M me RENÉE PINGRENON, *la Bibliothèque de M. Girard*, (Paris, in-8, 1906, Durel, édit.). On y verra en détail les merveilles que contient cette riche bibliothèque, mais la liste n'en est point complète.

ans à notre compatriote, il a un peu délaissé ce culte
du livre, mais bien à regret, par la force des circonstances.
Avec sa vitalité puissante, il a besoin d'air, de mouvement, et le culte de la nature lui est salutaire. Sa grande
fortune lui permettant de royales fantaisies, il eut
l'occasion de faire en 1906 l'acquisition d'un domaine
de 212 hectares d'un seul tenant, où il entrevit la
possibilité de déployer son incessante activité et de
satisfaire l'attachement instinctif du Savoyard pour les
champs, bois et vallons. Cette belle terre de Parisis-
Fontaine [1], fort bien située dans l'Oise, commune de
Berthecourt, canton de Noailles, fut pendant un siècle
et quart la propriété de la famille des marquis de Maupeou,
et son nouveau maître s'applique avec sa haute com-
pétence à lui restituer sa splendeur d'autrefois.

Berthecourt était compris pour partie dans l'ancien
comté de Beauvais et pour partie dans celui de Clermont.
Les historiens du Beauvaisis expliquent que Lancelin,
châtelain de Beauvais, s'était emparé de cette terre et
même de celle de Longueil. Vers 1594, sur la réclamation
de Foulque, son fils, qui occupait alors le siège épiscopal
de la région, l'usurpateur en fit la restitution. En 1628,
les évêques aliénèrent ce domaine avec Hodenc, Ponchon
et autres lieux circonvoisins, afin de faire l'acquisition
de la châtellenie de Beauvais. On voit dans le chœur de
l'église de Berthecourt la pierre sépulcrale d'*Antoine
Lemaire*, dit Boulan, maréchal de camp, lieutenant des
gardes, décédé en 1721, avec mention de sa qualité de
seigneur de Parisis-Fontaine, de Longueil et Berthecourt [2].
Guy Lemaire, seigneur d'Achy, acheta en 1473, à Jacques
Davesne, chanoine de Beauvais, la terre de *Parisifontaine*,
à laquelle il réunit en 1480 celle de Longueil. Son arrière-
petit-fils, *François Lemaire*, était en 1572 homme d'armes

---

1. Le hameau de Parisifontaine (*Parisifons*), dont le territoire forma la section
méridionale de la commune de Berthecourt, comprenait en 1642 une douzaine de
maisons avec un château assez ancien.
2. Conf. Gravier, *Précis statistique sur le canton de Noailles*, in-8, 1842, p. 53.

des ordonnances du roi. *Antoine Lemaire*, fils de celui-ci, était en même temps homme d'armes et nommé chanoine de la cathédrale de Mouchy-le-Châtel, bénéfice [1] dont il fut redevable à son cousin François de Maricourt, baron de Mouchy. *René Lemaire*, fils aîné de ce bénéficiaire ecclésiastique, fut aussi seigneur de Parisifontaine, Longueil et Berthecourt ; lieutenant des gendarmes du comte de Tresnes, maître d'hôtel du roi et maréchal de

Château de Parisis-Fontaine.

camp, il prit, je ne sais pourquoi, le surnom de *Boulan* et fut maintenu en 1667 dans la noblesse [2]. C'est Antoine Lemaire, son fils, qui fut inhumé à la date de 1721 dans l'église de Berthecourt. Par la mort de ses frères, Suzanne Lemaire, fille de ce dernier gentilhomme, hérita de tous les biens de la famille et les apporta en dot à son mari Charles de Caqueray, seigneur de Maucomble. Vers 1780, le domaine de Parisisfontaine fut acquis par le grand Chancelier Marquis de Meaupou ; il resta dans cette famille jusqu'en 1892, date à laquelle la mort sans postérité du dernier des marquis amena un autre propriétaire en la personne de M. Escribe. Après le décès de celui-ci,

1. A la date du 20 décembre 1583.
2. Par arrêt du Conseil du 15 septembre 1667.

en 1906, Antoine Girard en devint l'heureux acquéreur.

Aux temps anciens il dut y avoir des constructions importantes, car les archives nous y révèlent l'existence d'une chapelle édifiée au commencement du xiiie siècle [1]. Aujourd'hui, sur la droite du château actuel, qui remonte au xviie siècle, à l'extrémité de la cour, on en remarque une autre dont la consécration avait été autorisée par l'évêque diocésain en vertu d'un décret du 7 fructidor

Étang du parc de Parisis-Fontaine.

an XII : elle contenait des tombeaux qui ont été transportés en 1892 au cimetière de Berthecourt.

Ce magnifique domaine, où tout est ordonné avec une entente parfaite, réunit tout ce qu'on peut rêver. Le parc a 30 hectares entourés de murs. Il contient deux pièces d'eau très poissonneuses (dont l'une avec une île) où l'on peut se livrer à tous les plaisirs de la pêche et de l'aviron.

Les vastes pelouses, artistement vallonnées, avec leurs larges bordures fleuries où serpentent les allées conduisant au château impressionnent agréablement la vue.

1. Elle fut construite en 1220 par Jean de Mouy, et l'évêque de Beauvais s'était réservé le droit d'en nommer le chapelain.

On sent là une attraction intime vers la beauté naturelle, vers les fleurs, vers les arbres, vers les oiseaux. Des bosquets jetés çà et là amènent une agréable diversité, avec des coins ensoleillés, abrités des vents froids du nord, coins de repos délicieux où l'on fait tout habillé cette héliothérapie dont notre spirituel Dr Helme parlait un jour dans son feuilleton du *Temps*.

La belle promenade du bord de l'eau, avec ses arbres séculaires dont les branches se réunissent au sommet

Parisis-Fontaine.

comme les arceaux d'une cathédrale, est d'un effet grandiose et arrache aux visiteurs un cri d'admiration. Le jardin potager et les serres, parfaitement entretenus, unissent l'utile à l'agréable. La ferme, avec sa vaste cour, sa vieille maison du xvie siècle, son pigeonnier seigneurial, a grande allure. Les bois et les garennes, où le gibier abonde, ont été fort bien aménagés.

La propriété, très accidentée, donne en certains points des vues pittoresques sur le mont César, les montagnes d'Hermes et le haut plateau de Sainte-

Geneviève. En un mot, c'est un paradis de délices et de continuelles surprises qu'un industriel savoyard avisé a pu offrir à son besoin de vie, entouré de prévenances familiales et de grandes amitiés qui l'honorent. Le jardin des Hespérides, placé par les poètes dans les îles Fortunées et rempli d'arbres merveilleux portant des pommes d'or, était gardé jalousement par un dragon à cent têtes que tua Hercule. *Parisis-Fontaine*, au contraire,

Parisis Fontaine.

est embelli par la présence d'une jeune nièce, Muse spirituelle et pratique qui a la garde de ces lieux enchantés. Et ce maître, quelle joie n'éprouve-t-il pas en ce fief rustique de se dire, en frappant le sol : *La terre que je foule est bien à moi* [1] ! Une fois de plus cela prouve que l'énergie finit toujours par triompher des moments difficiles, que jamais un effort n'est perdu, que les bons hasards n'arrivent qu'à ceux capables de les mériter et d'en profiter aussi. Maintenant tranquille, avec une

1. *Terra quam calco mea est.*

fortune noblement acquise, n'ayant rien à envier, « *pas même les fonctions de garde champêtre,* » comme il le disait un jour plaisamment ; fumant gaiement sa pipe favorite en cultivant son domaine[1] et les arts, l'ancien disciple du père Vellot à Saint-Pierre-de-Soucy peut à présent nous répondre avec Jacques Delille :

> « Mais sur moi si le sort a versé ses faveurs,
> Par les arts éclairé, j'en sens mieux les douceurs ;
> Les arts donnent le goût, la grâce et la finesse.
> Que m'importe, sans eux, une vile richesse ?
> Sans l'art de bien jouir que m'importe un trésor ?
> L'usage fait le prix des grandeurs et de l'or. »

Au point de vue de l'esthétique, les jardins, les eaux courantes et l'étang sous de doux ombrages ravissent les regards de ceux qui viennent à Parisis. Le Nôtre s'était en son temps préoccupé d'éviter l'empreinte d'une nature sauvage et d'introduire dans l'efflorescence désordonnée du monde végétal un certain ordre où l'esprit aime à se reposer. Cette tendance du XVIIe siècle apparaît également ici : l'exubérance bien ordonnée des feuillages et des espaces n'est pas seulement une réjouissance pour les yeux, une émotion de bien-être dans le calme de ses multiples tableaux, mais encore une satisfaction pour l'esprit parce qu'ils sont d'une harmonie intelligible.

Antoine Girard a beaucoup modifié, rénové et transformé. Bacon disait que le « *Créateur planta l'Eden et, en vérité, c'est le plus ancien et le plus pur des loisirs humains* ». Par là, le philosophe entendait que l'homme, dès qu'il eut conquis assez de sécurité pour goûter des loisirs, s'ingénia à reproduire autour de sa maison quelque coin verdoyant, à l'entourer de beaux ombrages, de la fraîcheur des sources et de la volupté des fruits et des fleurs.

Rien de tout cela ne manque à Parisis, où un concept

---

1. Sans pourtant se désintéresser des affaires ni de la vie parisienne. Le téléphone installé au château lui permet d'être constamment au courant de tout.

d'ordre a présidé à tous arrangements, où les caprices de la nature viennent se mêler à l'ingéniosité d'un maître qui sait les asservir à une discipline. Mais l'art de jouir des champs, des ombrages et des fleurs, tel que l'ont si bien compris Virgile, Hésiode et Vanière,

Parisis-Fontaine.

invite à les aimer. Un doux poète français a dit de la nature :

« *Du moment qu'on lui parle on lui devient ami*[1]. »

Ainsi cette simple nature parle à ceux qui l'aiment et qui savent la contempler. Mais il ne suffit pas d'ouvrir les yeux devant son décor changeant : pour comprendre les

1. A l'époque de la Renaissance, l'influence italienne, exagérant tout ce qui était maniérisme en cet art au moyen âge, faillit entraîner les jardiniers français fort loin de la bonne tradition. Les jardins aux xve et xvie siècles en Italie sont une réminiscence des jardins romains. Nicolas Braccini et Bernard Buontalenti, surnommé *Girandole*, qui créèrent en 1550 à Florence les jardins *Boboli*, n'avaient d'autre idéal que celui de Pline, c'est-à-dire faire de leurs jardins une volupté nouvelle. De plus, les Italiens ont raffiné sur la nature ; c'est le reproche que le judicieux président de Brosses leur adresse. Au contraire, le goût français est la rectitude et l'ordre.

jeux de la lumière ou les frissons de l'eau, pour saisir les mystérieuses correspondances qui harmonisent ses tableaux à nos sentiments, il faut être avec elle et en elle avec âme. Aussi cette discipline dont je parlais tout à l'heure est-elle ici discrète, et l'on peut lui appliquer les vers caractéristiques du Tasse sur les jardins d'Armide, que je traduis ainsi : « *L'art qui créa ces beautés y ajoute encore par le soin qu'il prend à se cacher... On croirait vraiment qu'ils doivent tout à la nature.* »

D'autre part, le château, entouré de ses anciennes dépendances féodales, admirablement aménagé à la moderne, est un séjour d'un exceptionnel confortable. La grande bibliothèque, les revues, journaux, périodiques de tout genre arrivés chaque matin de la capitale, apportent leur tribut à la vie intellectuelle dans la seigneuriale demeure.

En avril 1912, Antoine Girard fut appelé par un événement imprévu à faire un lointain voyage. Les États-Unis d'Amérique ayant formé le projet d'élever un monument à la mémoire de notre illustre compatriote Champlain à l'occasion de son troisième centenaire, M. Jusserand, notre ambassadeur à Washington, en informa le Président du Conseil, M. R. Poincaré. Celui-ci chargea M. Gabriel Hanotaux, Président du Comité France-Amérique, de former une mission pour représenter la France à cette grandiose manifestation. La délégation fut composée de notabilités de l'Académie française, de l'Académie des Sciences, de l'Académie des Beaux-Arts, du Parlement, de l'Armée, du Commerce, de l'Aviation et des descendants des grandes familles ayant joué un rôle sur le nouveau Continent [1]. Antoine Girard dut à l'amitié de M. Gabriel Hanotaux, autant qu'à sa situation, de représenter le Commerce.

1. MM. G. Hanotaux, Étienne Lamy, René Bazin, F. Cormon, Louis Barthou, d'Estournelles de Constant, Vidal de la Blache, général Lebon, comte de Chambrun, comte de Rochambeau, duc de Choiseul, dal Piaz, Antoine Girard, Louis Blériot, Léon Barthou, G.-L. Jaray, Gaston Deschamps et Gignoux.

La « Mission Champlain » quitta Paris le 20 avril pour s'embarquer le même jour au Havre sur le splendide steamer *la France*, qui faisait son voyage inaugural à New-York quelques jours après le désastre du « *Titanic* ». La mission n'avait aucun caractère officiel ; elle s'était recrutée elle-même sans aucune subvention publique, privée ou corporative, et les membres qui la composaient, en participant à l'œuvre commune par leur concours purement personnel, représentaient les diverses branches de l'activité française. Tous avaient consenti à la longue traversée au delà de l'Océan, en vertu d'un programme déterminé, voulu, réfléchi, pour travailler à une expansion amicale française.

En allant sceller le buste de la *France* par Rodin sur le monument élevé par les États-Unis à la gloire de Champlain [1], leur pensée patriotique et internationale fut aussi de témoigner notre gratitude et de fonder en même temps une espèce de bureau permanent des bonnes relations entre les deux grands peuples. Cette pensée fut comprise : de Washington à Québec ce ne fut, tout au long des étapes du parcours, qu'un cri unanime d'enthousiasme et d'éloges glorifiant leur initiative désintéressée. Au milieu des réceptions prestigieuses dont les Américains, ces maîtres de l'action, ont l'aimable secret, tous les cœurs Français ressentirent la profonde communion que le passé du Nouveau Monde impose au présent. Quels que soient les hommes, qu'ils se nomment Roosevelt, Gaynor ou Taft, quelles que soient leurs nuances, qu'ils relèvent des partis et des opinions de l'heure actuelle, du passé ou de l'avenir, tous ont prouvé amour et reconnaissance envers la France.

Le chef de la délégation, M. Gabriel Hanotaux, dans la magnifique relation qu'il a faite de ces grands jours, passés

---

1. Cf. l'excellente étude de Maurice Muret, dans le *Journal des Débats* du 4 juin 1912 : *Samuel Champlain, sa vie et son œuvre* ; — l'article de M. Gaston Deschamps sur *la France au monument Champlain*, dans le journal *Le Temps* numéro du 19 mai dernier.

comme un rêve, qu'il a écrite le 15 mai dernier à bord de *la Provence*, le transatlantique du retour, a dépeint avec un charme infini les sentiments, les idées et les beautés du voyage. En voici un fragment qu'on ne saurait citer sans émotion : « Au lac Champlain, une journée merveilleuse, un ciel d'aquarelle, des horizons de montagne puissamment dessinés et bleus, les rives du lac où courait le premier gazon du printemps, offrirent un cadre admirable à la cérémonie qui était la raison du voyage. Nous nous souviendrons toujours de l'hospitalité reçue à Fort-Ticonderoga et à Crown-Point. Partout, nous retrouvions les vestiges et les souvenirs des grands Français qui ont découvert, colonisé et défendu pied à pied, pendant deux siècles, ces paysages sublimes, Champlain d'abord, puis Frontenac, Burlamachi, Montcalm.

« Le Canada nous attendait les bras ouverts. Nos amis de Montréal et de Québec, les gouvernements et les groupements, le *Comité France-Amérique* canadien, ayant à sa tête le sénateur Dandurand, s'empressaient autour de nous. Dès Saint-Jean, la population entière était à la gare et faisait alterner, dans un enthousiasme populaire et grave, les strophes de *la Marseillaise* et celles de *la Canadienne*. Cependant, les yeux de France, sur les visages des femmes, évoquaient la chère terre maternelle.

« Ce furent, ensuite, les belles journées de Montréal et de Québec, la couronne déposée sur le trou creusé dans le mur du couvent des Ursulines par une bombe, et qui sert de tombeau à notre héros à nous, Montcalm ; ce furent les paroles éloquentes de Louis Barthou, de d'Estournelles de Constant, d'Étienne Lamy, de René Bazin, si impatiemment attendues et si vigoureusement acclamées par ces auditoires qui en saisissaient toutes les nuances. Enfin le majestueux et mugissant spectacle du Niagara avec les prévenances si parfaites de l'accueil que nous réservait le major général Greene [1]. »

---

1. Voir la revue mensuelle *France-Amérique,* numéro de juin 1912, p. 345.

L'épilogue de cette belle manifestation franco-améri-
caine a eu lieu le 15 juin dernier dans le troisième banquet annuel du *Comité France-Amérique*, qui a réuni sous
la présidence de M. R. Poincaré, avec un éclatant succès,
les plus hautes personnalités politiques, internationales et
sociales, pour fêter le retour de la mission française et
affirmer par leur présence un concours utile à l'œuvre
grandissante de ce comité si avisé [1].

Le 11 février 1913, le Comité France-Amérique offrait
un banquet à Sir Lomer Gouin, premier Ministre de la
province de Québec, de passage à Paris. A ce banquet,
présidé par M. Barthou, garde des Sceaux, M. Gabriel Hanotaux prononça un discours où il rappelait les heures
inoubliables du voyage de la Mission Champlain à travers
les États-Unis et le Canada. Nous citons ce passage en
l'honneur de notre compatriote : « La fleur de ces impres-
sions sera rassemblée en un bouquet dans un livre de
bibliophile tiré avec le plus grand luxe à un nombre
limité d'exemplaires que nous devrons à la munificence
de notre ami et compagnon de route M. Antoine Girard.
Les amis des deux continents le remercient du monument à la fois fragile et durable qui remémorera pour la
satisfaction des délicats tant de bonnes heures trop vite
écoulées ! »

Antoine Girard a dignement figuré dans toutes ces
fêtes somptueuses : il était là comme représentant en sa
personne la haute industrie française, et surtout, auprès
des Américains, comme travailleur fécond arrivé à sa
grande fortune par la seule puissance de son mérite personnel. Il lui a été donné cette joie de connaître un peu
de l'Amérique, de sa force d'action commerciale, de ses
hommes, de ses institutions et de ses paysages. Il est
revenu enthousiasmé et garde de tout ce qu'il a vu un
inoubliable souvenir en même temps qu'une grande
admiration pour l'Amérique et les Américains.

---

1. Cf. la même revue, numéro de juillet dernier, p. 1 à 14.

Comme conclusion, on peut se demander, à la fin de cette notice sur un compatriote dont la Savoie doit être fière, quelle a été la cause économique de ses succès.

Un premier point à noter, c'est qu'il mit en pratique avec un rigorisme persévérant son axiome favori. « *Chaque chose à sa place et une place pour chaque chose* [1] ». Rien n'est mieux ordonné que les gestes de notre compatriote dans la vie, dans les affaires, dans les relations, dans les choses de l'intelligence, de l'art et du goût.

Libre penseur à la manière du xvie siècle, esprit d'opposition et de critique, d'un aimable scepticisme, ennemi du sectarisme et de l'intolérance, il a accordé une foi absolue à ses produits, dont il avait étudié consciencieusement les éléments. Cette foi d'un genre spécial lui a communiqué une sorte de puissance, une absolue confiance en leur richesse médicamenteuse, en leur valeur thérapeutique, dont la clientèle, à son tour, a justement apprécié l'efficacité. Comme on enchaîne en général l'humanité par des bienfaits et les hommes cultivés par des procédés délicats, son altruisme éminemment pratique se plaisait à offrir gracieusement ses produits aux docteurs qui en avaient besoin soit pour leur famille, soit pour leurs clients peu aisés, et qui, au retour, manifestaient leur reconnaissance en répandant et en prescrivant les spécialités du laboratoire Antoine Girard. Leur présentation sous l'étiquette de la *Croix de Genève* les a fait également accueillir avec faveur dans certains milieux.

Quant à la publicité, cette plaie moderne qui envahit tout, il fut le créateur, s'il est permis d'employer cette expression en pareille matière, de la publicité utilitaire et d'ordre psychologique. Au lieu de s'adresser directement au public par la voie usuelle, il agit au second degré en correspondant avec le médecin qui, selon les

1. Guizot, *Du Gouvernement de la France*, avait dit : « La société offre l'image de ce chaos si bien défini par ces paroles : Chaque chose n'y est point à sa place et il n'y a pas une place pour chaque chose. »

besoins, prescrit à ses malades tel ou tel produit Girard.
Afin de se rappeler à la mémoire des Esculapes, notre
Antoine s'ingéniait à chercher ce dont ils pouvaient
avoir besoin entre l'aube et le soir ; tous les objets
désirés ou désirables étaient offerts à eux et à leurs
familles dans des conditions exceptionnelles.

Ses débuts furent difficiles ; le succès, longtemps attendu.
Mais la ténacité, cette vertu savoyarde, eut raison de tout.
S'il avait été encouragé par les siens ou par son entourage,
sa fortune aurait été plus rapide ; mais ses projets furent
sans cesse entravés ; lui seul avait confiance et, quand
il fut parfois assez mal inspiré pour écouter les augures,
il put constater que le but poursuivi était retardé, ou
amoindri. Il n'en devint que plus philosophe et, avec sa
nature réfléchie, il finit par ne prendre conseil que de lui-
même.

Les causes déterminantes de ses succès dans les affaires
qu'il a successivement entreprises sont, à son honneur,
son *esprit d'observation*, messager de la raison pratique
par lequel il a recueilli les éléments organiques de ce
qu'il avait en vue, — son *jugement* très sûr pour les
mettre en mouvement, — sa *faculté de faire du nouveau*,
et par-dessus tout son esprit de méthode et d'organisation. « Labor tempus et prudentia », telle est sa devise.
Le travail de tous les jours donne le succès ; la sagesse
en assure la durée.

En morale comme en physique, le mouvement perd en
intensité ce qu'il gagne en étendue. La psychologie d'Antoine Girard échappe à cette règle. Sa nature droite,
pondérée, mélange des deux atavismes paternel et
maternel, encline à la réflexion, sûre de son coup d'œil
en affaires, individualiste et altruiste à la fois, teintée
d'égotisme et de sentiments élevés, l'a entraîné aussi bien
vers l'idéal que vers le positif. Il a compris et manié leurs
forces et, s'il a toujours quelques grandes idées, il a le
mérite de savoir les mettre en pratique dans leur plénitude.
Son rôle est celui du vainqueur, et en ceci il a une telle certi-

tude qu'il n'est même plus étonné de la continuité de ses triomphes en affaires. Si, d'ailleurs, on étudie l'iconographie du personnage, elle dit tout, jusqu'à sa façon de penser et d'agir, jusqu'à la raillerie voltairienne de sa philosophie d'enfant gâté de la fortune.

Savoyard d'origine et de naissance, descendant d'une vieille famille rurale[1], il en a bien gardé la simplicité et l'amour de la terre; mais il est Parisien de mœurs, d'esprit, d'inclination. Paris, où l'argent, la gloire, le plaisir, les arts

A Saint-Pierre-de-Soucy (Savoie).

et la philanthropie sont préparés et amoncelés comme les trésors de Babylone, a été sa grande arène.

Un bel hommage à lui rendre, c'est qu'au milieu des richesses noblement acquises par un labeur intelligent et des délices rustiques de Parisis-Fontaine il n'oublie jamais sa chère Savoie (ne lui a-t-il pas témoigné son affection par des bienfaits) [1], et c'est avec émotion qu'il aime à se souvenir du passé déjà lointain auprès d'une mère tendre, active et bonne au fond de l'âme, douce aux indigents, là-bas, dans la maison paternelle, sur le coteau où il a grandi...

1. Voir précédemment pages 42 à 45.

« ... *Pensif parmi de si braves gens*
Au village, tout près de la simple nature,
Travaillant ou parfois courant à l'aventure,
Laissant couler sa vie et chantant sa chanson
Comme un oiseau d'avril, dans le creux d'un buisson [1]. »

Puis lui apparaît aussi la vision des années de souffrances et, après elles, l'amour traversé de difficultés qui le rendaient plus profond et plus désiré, — des périodes de chagrins et de deuils où le pas léger des morts dans une visite brève vient effleurer sans bruit le seuil de l'ancienne demeure, — enfin la période glorieuse du rêve accompli au delà de toute espérance. Pour les âmes fortes, leurs seules actions les peuvent louer : non seulement Antoine Girard a pratiquement réalisé l'adage individualiste de mon vieux Lucet, mais il s'est illustré par son goût pour les arts et les belles lettres, non moins que par la touchante pensée de servir le pays natal.

1. HENRI CHANTAVOINE, dans son poème de *la Vie*, 1912.

6382-13. — CORBEIL, IMPRIMERIE CRÉTÉ.

HENRI CORNÉLIS AGRIPPA

SA VIE, SON ŒUVRE

et sa correspondance avec les Savoyards

(1486-1535)

Par Joseph ORSIER

Un volume in-8 raisin, couverture en deux couleurs. . . **4** fr.

Avec portrait du xvie siècle,
gravé par Ludovic HARANGER. . . . . . . **5** fr.

Extrait de compte rendu : — « L'histoire intime d'un écrivain renommé intéresse toujours, et plus cet écrivain de talent a été l'objet d'acerbes critiques, plus on aime à connaître sa vie, son état d'âme et ses écrits. Au déclin du xve siècle et dans la première moitié du xvie, au milieu de ce groupe d'hommes distingués qui honorent cette mémorable époque, une figure apparaît multiple, bizarre, difficile à saisir avec vérité, mais aussi curieuse à étudier pour les circonstances romanesques de son existence pleine d'imprévu que par le côté scientifique. Henri-Cornélis AGRIPPA, l'auteur de la *Philosophie occulte*, le classique le plus célèbre des sciences occultes, fut un des plus grands savants de son époque ; doué d'une vaste érudition, il se plaisait à captiver le public par les innovations les plus étranges et les doctrines les plus osées. Sa vie, sur laquelle on a beaucoup écrit de fables fantastiques, fut en harmonie avec ses paradoxes. Elle méritait d'être appréciée avec impartialité. Aussi un érudit connu par ses travaux a-t-il pris à cœur de faire cette étude, pour laquelle il a fouillé les documents les plus authentiques ; il a rempli sa tâche avec un tel tact et dans un style si attrayant que tous ceux qui s'intéressent à ces études voudront connaître ce nouveau volume qui intéresse la vieille Savoie. »

On peut demander à la REVUE DE SAVOIE ce volume paru récemment, **5** *bis*, place du Panthéon, à Paris.

Sous presse.

NOËLS ET CHANSONS DE SAVOIE

AU SEIZIÈME SIÈCLE

NICOLAS MARTIN, sa vie et son œuvre poétique et musicale

(1498-1566)

Par Joseph ORSIER

Pour les souscripteurs, le prix est de **7** fr. **50** (au lieu de 10 fr.)

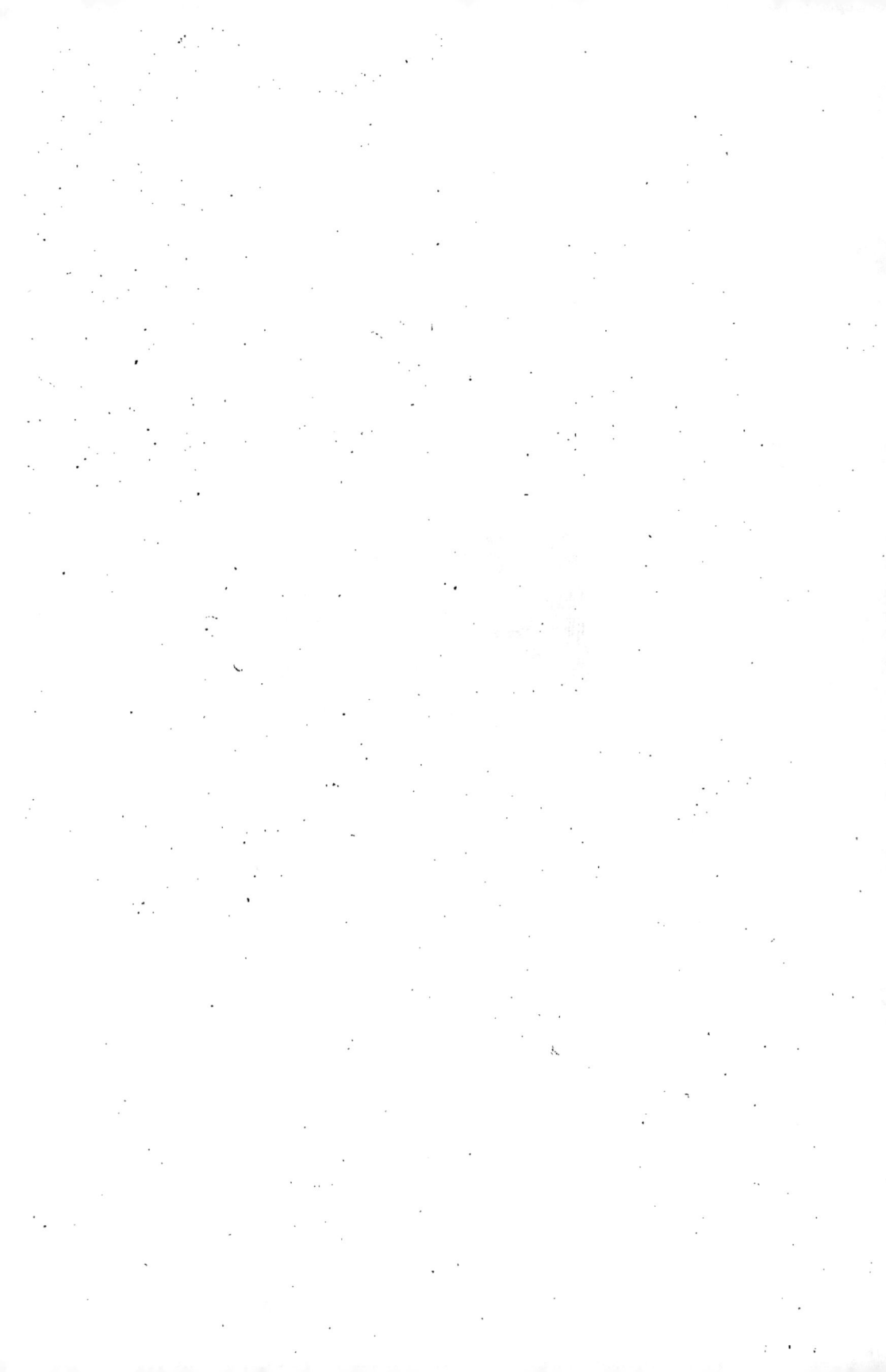

www.ingramcontent.com/pod-product-compliance
Lightning Source LLC
Chambersburg PA
CBHW070902280326
41934CB00008B/1551